职业培训与鉴定教程

企业培训师（应试训练）

浙江省人力资源和社会保障厅
浙江省职业技能鉴定指导中心 组织编写

浙江科学技术出版社

图书在版编目(CIP)数据

企业培训师. 应试训练 / 浙江省人力资源和社会保障厅, 浙江省职业技能鉴定指导中心组织编写. — 杭州 : 浙江科学技术出版社, 2016.4(2021.10重印)

职业培训与鉴定教程

ISBN 978-7-5341-7121-5

Ⅰ. ①企… Ⅱ. ①浙… ②浙… Ⅲ. ①企业管理－职工培训－职业技能－鉴定－习题集 Ⅳ. ①F272.92

中国版本图书馆CIP数据核字(2016)第064990号

丛书名	职业培训与鉴定教程
书名	企业培训师(应试训练)
组织编写	浙江省人力资源和社会保障厅 浙江省职业技能鉴定指导中心

出版发行	浙江科学技术出版社
网址	www.zkpress.com 地址:杭州市体育场路347号 邮政编码:310006 联系电话:0571-85170300-61717
排版	杭州兴邦电子印务有限公司
印刷	浙江新华数码印务有限公司
经销	全国各地新华书店

开本	710×1 000 1/16	印张	12.75
字数	185 000		
版次	2016年4月第1版		2021年10月第3次印刷
书号	ISBN 978-7-5341-7121-5	定价	32.00元

责任编辑	刘雯静	责任美编	孙 菁
责任校对	余春亚	责任印务	田 文

本书编委会

前　言

自浙江省开展技能人才自主评价工作以来，各地人力资源和社会保障部门高度重视、积极推进，企业、院校以及从事职业培训教育工作的人员对企业培训业务知识、专业技能和职业教育发展的新趋势、新技术、新成果的学习愿望日渐迫切。为此，浙江省人力资源和社会保障厅职业技能鉴定指导中心组织编写了企业培训师国家职业资格三级的培训教材《企业培训师（基础知识）》和《企业培训师（三级）》以及《企业培训师(应试训练)》，以期为大家提供一套理念先进、内容丰富、实用性强的职业培训与鉴定教程，并为深入开展技能人才自主评价工作增加助力。

本书是培训教材《企业培训师（三级）》的配套用书，在编写过程中，编委会成员根据国家职业标准，坚持以能力为导向，定位清晰、注重实效。本书根据企业培训师（三级）的考核方案而编制，对理论知识、专业能力的要点提出了明确和详细的要求，并且组织了应试训练题和模拟训练题，以便于考生熟悉鉴定技能考核的知识要点与内容、考核方式、试题题型和试卷结构，此外，还提供了企业技能人才自主评价方案写作方法以及实例。因此，本书不仅是每位考生复习训练用书，同时也可作为从事技能人才培养和自主评价的工作、人力资源管理、职业培训人员的工作参考书。

本书由知识要点、应试训练题、模拟训练题、企业技能人才自主评价方案编写指导、自主评价实施方案实例组成。应试训练、模拟训练题由洪惠民、吴晓红、叶旻、孙旗、刘笑萍、王永跃、任思新、李弟财、刘美玲编写；企业技能人才自主评价方案编写指导由丛国栋编写，自主评价实施方案实例由创正防爆电器有限公司提供、叶昌元指导。全书由丛国栋、叶昌元负责统稿。

由于编者水平所限，不当之处请各位读者和专家批评指正。

王晨

2016年3月

目录

contents

◇ 第一章
知识要点 1

企业培训师(三级)知识要点 1

◇ 第二章
应试训练题 7

第一节　职业道德试题 7
第二节　基础知识试题 12
第三节　专业知识试题 31
第四节　应试训练题参考答案 94

◇ 第三章
模拟训练题 101

第一节　模拟训练题1 101
第二节　模拟训练题2 113
第三节　模拟训练题参考答案 127

◇ 第四章
企业技能人才自主评价方案编写指导 129
第一节 自主评价方案写作的意义及要求 131
第二节 自主评价方案的结构及评价标准 136

◇ 第五章
自主评价实施方案实例 148
第一节 ××有限公司AA工自主评价方案 148
第二节 创正防爆电器有限公司自主评价方案 170

第一章
知识要点

企业培训师(国家职业资格三级)知识要点

企业培训师(国家职业资格三级)知识要点见表1-1。

表1-1　企业培训师(国家职业资格三级)知识要点

模　块	章	节	知识点	
职业道德部分	道德与职业道德修养	社会主义道德	001	道德的概念
			002	社会主义道德的核心
			003	社会主义道德的原则
			004	社会主义道德的基本要求
		职业道德	001	职业道德的概念
			002	职业道德的内容与要求
			003	职业培训人员的职业守则
			004	加强改善职业道德的重要意义
		道德和职业道德的修养	001	道德修养的基本特征
			002	道德修养的内容
			003	自我修养的途径
			004	职业道德修养的内涵及培养

续表

模 块	章	节	知识点	
基础知识部分	与职业培训教育相关的法律、法规解读	宪法中与培训教育相关的内容	001	宪法
			002	宪法中有关职业教育培训的基本内容
		与职业培训教育相关的法律	001	法律的概念
			002	劳动法
			003	职业教育法
			004	就业促进法
		与职业培训教育相关的法规、制度	001	与职业培训教育相关的法规
			002	与职业培训教育相关的规章制度
	职业能力与职业素质	职业能力	001	能力
			002	能力本位
			003	职业核心能力的隐性结构
			004	职业核心能力的标准体系
		职业能力的发展与职业素质的关系	001	职业能力的发展
			002	职业核心能力的发展和养成
			003	职业能力与职业素质的关系
	现代职业教育培训	能力为基础	001	美国职业培训与教学的特征
		能力为本位	002	英国职业培训与教学的特征
		关键能力培养	003	德国职业培训与教学的特征
		创新教学	004	翻转课堂与慕课教学
	现代企业培训基础	企业培训常识	001	职业教育、职业培训、企业培训
			002	成人学习的特点
			003	企业培训的分类
			004	企业培训的原则
			005	企业培训的日常管理
			006	企业培训需要解决的相关问题
		团队建设	001	团队与群体
			002	团队的发展阶段
			003	团队的特征与精神
			004	团队建设的含义
			005	团队建设的流程与方法
			006	团队建设中应注意的问题

续表

模　块	章	节	知识点	
基础知识部分	现代企业培训基础	拓展训练	001	拓展训练的起源与发展
			002	拓展训练的含义、作用与特点
			003	拓展训练的操作程序
			004	拓展训练的实施注意点
	企业管理知识	企业及企业管理	001	企业的概念
			002	企业的一般特征
			003	企业的类型
		企业的组织管理	001	企业的组织管理
			002	现代企业的领导制度
		企业管理理论	001	现代企业管理中的十大经典理论
		现代企业管理的方法	001	经营决策方法
			002	目标管理方法
	人力资源管理基础	人力资源管理的概述	001	人力资源的概念
			002	人力资源管理与人事管理的关系
			003	人力资源管理的内容与意义
		企业人力资源开发	001	人力资源开发的基本含义
			002	人力资源开发的基本内容
			003	人力资源开发的工作程序
专业知识部分	培训需求分析	培训需求分析的知识体系	001	培训的定义及特点
			002	培训需求的概述
			003	培训需求分析的目的及意义
			004	培训需求分析的前提及原则
		培训需求分析的能力体系	001	培训需求分析的来源
			002	培训需求分析的过程
			003	制定培训需求分析的方法和工具
		培训需求分析实务	001	撰写培训需求评价报告
			002	培训需求评价结果的应用
			003	培训需求分析的方法和工具
			004	培训需求分析方法的使用

续表

模　块	章	节	知识点	
专业知识部分	培训计划	培训计划的知识体系	001	培训计划的定义
			002	制订培训计划的意义与作用
			003	制订培训计划的原则
			004	制订培训计划需要考虑的因素
			005	培训计划的内容
		培训计划的能力体系	001	培训计划制订的基础性工作内容
			002	培训计划信息收集的内容
			003	培训素材基础台账的建立方法
			004	制订培训计划
			005	培训计划的实施
			006	年度培训计划报告写作
	培训课程开发	培训课程开发的知识体系	001	课程的含义
			002	培训课程与学科性课程的区别
			003	培训课程与培训项目的关系
			004	培训课程开发的重要性
			005	培训课程开发的含义
			006	培训课程开发的原则
			007	培训课程开发的模式
			008	培训课程开发的常见方法
			009	培训课程开发的流程
		培训课程开发的能力体系	001	课程开发基础性工作的含义
			002	课程开发基础性工作的内容
			003	课程开发基础性工作的要求
			004	搜集课程开发信息的渠道
			005	课程开发信息的处理方法
	培训教材开发	培训教材开发的知识体系	001	职业培训教材的定义
			002	职业培训教材的作用
			003	职业培训教材的特点
			004	培训教材的类型
			005	培训教材开发的原则
			006	教材开发的方法

续表

模 块	章	节	知识点	
专业知识部分	培训教材开发	培训教材开发的能力体系	001	培训教材开发的工作内容
			002	培训教材开发的主要步骤
			003	培训教材开发的组织
			004	培训教材开发的对象分析
			005	培训教材开发的信息搜集
	培训教学	培训教学的知识体系	001	有效课堂教学
			002	主动学习的策略
			003	学习理论
		培训教学的能力体系	001	分类教学
			002	五星教学法
	培训评估	培训评估的知识体系	001	培训评估的相关概念
			002	培训评估的作用
			003	培训评估的原则
			004	培训评估模型
		培训评估的能力体系	001	培训评估存在的问题
			002	培训评估的运用
			003	反应评估
			004	学习评估
			005	培训师自我评估
			006	培训评估方案写作
			007	培训评估报告写作

续表

模 块	章	节	知识点	
专业知识部分	培训质量管理	培训质量管理的知识体系	001	培训质量的相关概念
			002	培训质量管理的作用
			003	培训质量管理的主题
			004	培训质量管理的基本原则
			005	培训质量控制
			006	全面培训质量管理
			007	ISO10015国际培训标准
		培训质量管理的能力体系	001	培训质量管理的常见问题
			002	培训质量管理的关键环节
			003	培训质量管理的保障
			004	质量管理工作方案写作
			005	质量管理控制方法
			006	培训质量管理报告写作
	现代教育培训技术应用	现代教育培训技术的知识体系	001	多媒体
			002	E-Learning
			003	慕课
			004	微课程
			005	移动学习
			006	视频案例
		现代教育培训技术的应用能力体系	001	培训微课程应用
			002	培训微课程设计
			003	培训微课程制作

第二章

应试训练题

第一节　职业道德试题

一、单选题

1. 社会主义道德区别和优越于其他社会形态道德的显著标志是社会主义道德(　　)。

A. 以为人民服务为核心

B. 对社会行为的调节具有强制性

C. 对其他社会意识形态的存在和发展具有重大影响

D. 对社会生活的调整具有广泛性

2. 在五千年的发展中,中华民族形成了伟大的民族精神。该民族精神的核心是(　　)。

A. 个人主义　　B. 人道主义　　C. 爱国主义　　D. 集体主义

3. 马克思主义认为,道德产生于(　　)。

A. 人性中的情感欲望

B. 人先天具有的某种良知和善良意志

C. “天”的意志或“神“的启示

D. 人类的历史发展和人们的社会实践

4. 人们对荣誉和耻辱的根本看法和基本观点是(　　)。

A. 价值观　　B. 荣辱观　　C. 人生观　　D. 道德观

5. 无论从事什么职业的人,都应该干一行爱一行,爱一行钻一行,精益求精,尽职尽责。这是职业道德中(　　)。

A. 爱岗敬业的要求　　B. 办事公道的要求

C. 诚实守信的要求　　D. 奉献社会的要求

6. 爱国主义最基本的内容是(　　)。

A. 对故土河山家园的热爱　　B. 对自己国家的热爱

C. 对人民的热爱　　D. 对祖国的忠诚和热爱

7. 在我国古代思想文化中,就有将荣辱放到与人格同样重要的地位。有"宁可毁人,不可毁誉""宁可穷而有志,不可富而无节""士可杀不可辱"等名言,这些强调的是要(　　)。

A. 树立价值的意识　　B. 树立生死的意识

C. 树立荣辱的意识　　D. 树立名利的意识

8. 道德的实现(　　)。

A. 只靠社会舆论

B. 只靠内心信念

C. 既靠社会舆论、内心信念,又靠传统习惯、教育力量

D. 既靠社会舆论、内心信念,又靠传统习惯

9. 职业道德是指从事一定职业的人,在职业活动中应遵循的(　　)。

A. 行为准则　　B. 规章制度　　C. 社会公德　　D. 社会规范

10. 从业人员在职业活动中自觉遵守规章制度,不分远近亲疏都一视同仁,不滥用职权、不假公济私,周到服务、平等待人,追求社会公正、维护社会公益,这是从业人员应该遵守的(　　)。

A. 不断创新的道德要求　　B. 追求利益的道德要求

C. 精益求精的道德要求　　D. 办事公道的道德要求

11. 遵守职业道德是对每个从业人员的要求。从业人员在职业工作中信守诺言、表里如一、言行一致、遵守劳动纪律,这是职业道德中(　　)。

A. 办事公道的基本要求　　B. 爱岗敬业的基本要求

C. 服务群众的基本要求　　　　D. 诚实守信的基本要求

12. 道德修养的根本途径是(　　)。

A. 勤于实践,加强道德行为训练　　B. 省察克治

C. 认真学习,提高道德认识　　D. 慎独自律

13. 重视道德修养的自觉性,强调一个人在独处、无人监督的情况下也能做到严于律己、保持操守。这种道德修养的方法叫作(　　)。

A. 慎独　　B. 积善成德　　C. 学思并进　　D. 由学而进

14. 亚里士多德说,德性是由先做一个一个的简单行为而后形成的,这和技艺的获得一样。这句话说明了道德品质形成的关键环节是(　　)。

A. 道德认识的形成　　B. 道德意志的形成

C. 道德习惯的形成　　D. 道德情感的形成

15. 个人依据一定的道德规范表现出来的稳固的倾向和特征称为(　　)。

A. 社会公德　　B. 职业道德　　C. 家庭美德　　D. 个人品德

16. 下列个性心理品质中,有碍于良好人际关系建立和发展的是(　　)。

A. 乐观豁达　　B. 自我中心　　C. 志存高远　　D. 风趣幽默

17. 下列选项中,属于良好道德品质基本范畴的是(　　)。

A. 谦虚谨慎　　B. 明哲保身　　C. 言而无信　　D. 刚愎自用

18. 黑格尔说,一个人做了这样或那样一件合乎伦理的事,还不能说他是有德的;只有当这种行为方式成为他性格中的固定因素时,他才可以说是有德的。这句话的意思是说(　　)。

A. 个人品德的形成和发展与个体的社会实践无关

B. 个人品德是由个人单一心理成分构成的纯粹道德体系

C. 个人品德是由一个人在一两次道德行为中偶尔表现出来的内心状态和心理特征

D. 个人品德是一个人在进行长期的一系列的道德行为中表现出来的稳定的心理特征

19. 下列最符合“敬业”的典故是(　　)。

A. 三顾茅庐　　B. 庖丁解牛　　C. 刻舟求剑　　D. 程门立雪

20. 作为职业活动内在的道德准则,“勤勉”的本质要求是(　　)。

A. 早出晚归,加班加点　　　　B. 自觉自愿,忠诚敬业

C. 不惧安危,自我勉励　　　　D. 以勤补拙,笨鸟先飞

21. 员工在处理与领导的关系时,正确的做法是(　　)。

A. 即使知道领导的决策是错误的,也要不折不扣地执行

B. 对于领导含糊交办的任务,要含糊执行

C. 如果不同意领导的意见,要敢于随时说出自己的想法

D. 一般不越级汇报工作

22. 从业人员应保守企业秘密,正确的做法是(　　)。

A. 闲谈莫涉及企业的核心技术

B. 制作所谓的假秘密散发出去,迷惑竞争对手

C. 向亲朋好友讲述企业内幕时,要控制在很小的范围内

D. 企业有危害社会和国家的"秘密"要敢于揭幕

23. 关于勤劳节俭的说法中,正确的是(　　)。

A. 阻碍消费,因而会阻碍市场经济的发展

B. 市场经济需要勤劳,但不需要节俭

C. 节俭是促进经济发展的动力

D. 节俭有利于节省资源,但与提高生产力无关

24. 上司对待下属,下列正确的做法是(　　)。

A. 当任务繁重时,要求下属无条件服从公司安排

B. 当下属工作出错时,上司要给予严厉的处罚

C. 关心下属的成长,遵守与下属约定的事项

D. 既要平等待人,又要特别关注有潜力的下属

25. 在民主政治建设领域,规范人们行动的标准首先是(　　)。

A. 法律　　B. 道德　　C. 习俗　　D. 礼仪

26. 由国家制定和认可的,并由国家强制力保障实施的,具体规定权利、义务及法律后果的行为准则是(　　)。

A. 法律规范　　B. 宗教规范　　C. 道德规范　　D. 政党行为规范

27. "法治"就是在人民民主的基础上依法对国家和社会事务进行治理。实现"法治"的前提是(　　)。

A. 法制　　B. 礼治　　C. 专制　　D. 德治

28. 下列关于德才兼备的说法中不正确的是(　　)。

A. 按照职业道德的准则行动,是德才兼备的一个基本尺度

B. 德才兼备的人应当对职业有热情,参与服从各种规章制度

C. 德才兼备的才能包括专业和素质两个主要方面

D. 德才兼备的才能具有决定性的作用

29. “不想当将军的士兵不是好士兵”,这句话体现了职业道德的(　　)准则。

A. 忠诚　　B. 诚信　　C. 敬业　　D. 追求卓越

30. 在职业道德修养中,从业人员应该遵循的基本要求是(　　)。

A. 己所不欲,勿施于人

B. 害人之心不可有,防人之心不可无

C. 夹着尾巴做人

D. 领导叫干啥就干啥

二、多选题

31. 道德有多方面的功能,其中占主要地位的功能是(　　)。

A. 导向功能　　B. 调节功能　　C. 教育功能　　D. 认识功能

E. 体验功能

32. 人际交往正常心态的主要表现是(　　)。

A. 真诚　　B. 信任　　C. 自信　　D. 亲和

E. 清高

33. 道德修养本质上是一种(　　)的活动。

A. 自我改造　　B. 自我陶冶　　C. 自我解剖　　D. 自我批评

E. 自我修养

34. 下列选项中,属于现代社会个人品德修养的正确途径的有(　　)。

A. 提高道德认识　　B. 完善道德品质

C. 加强道德行为训练　　D. 坐而论道

E. 践行社会主义道德

35. 下列选项中属于培训师职业道德守则的是(　　)。

A. 爱岗敬业　　B. 牺牲精神　　C. 为人师表　　D. 不断创新

E. 以人为本

三、判断题

(　　)36. 爱劳动的道德规范要求人们以诚实劳动的态度和手段去获取利益和财富。爱劳动可以没有勤俭精神。

(　　)37. 道德调节的形式主要是道德强制。

(　　)38. 培训师在增强事业心和责任感的同时,还应不断提高业务素质,这也是做好职业培训工作的必要条件。

(　　)39. 职业道德是由职业道德意识、职业道德规范和职业道德行为组成的。

(　　)40. 职业品质是一个人在职业行为和作风中所表现出来的思想、认识、品性等的相对稳定的职业和特征。

第二节　基础知识试题

一、单选题

1. 在我国社会主义法律体系中,一切国家机关、社会团体和全体公民必须遵循的最高行为准则是(　　)。

A.《中华人民共和国宪法》　　B.《中华人民共和国刑法》

C.《中华人民共和国民法》　　D.《中华人民共和国行政法》

2. 我国宪法规定,国家的一切权利属于(　　)。

A. 人民　　B. 公民

C. 人民政府　　D. 人民代表大会

3. 宪法的修改应由全国人民代表大会(　　)。

A. 全体代表的2/3以上多数通过　　B. 到会代表的过半数通过

C. 全体代表的过半数通过　　D. 到会代表的2/3以上多数通过

4. 人民主权原则指的是国家的一切权利属于人民。人民行使权利的机关是(　　)。

A. 人民政府　　B. 人民政协

C. 法律遵守　　D. 人民代表大会

5. 职业培训为劳动就业服务的即时性特点使培训与教育有着明显的区别,教育主要以学科传承知识为本位,培训则主要以(　　)。

A. 传授工作技能为中心　　B. 传授工作规范为中心

C. 传授知识和职业态度为中心　　D. 传授工作经验为中心

6. 为了实施科教兴国战略,发展职业教育,提高劳动者素质,促进社会主义现代化建设,制定并颁布了(　　)。

A.《中华人民共和国职业教育法》　　B.《中华人民共和国劳动法》

C.《中华人民共和国教师法》　　D.《中华人民共和国就业促进法》

7.《中华人民共和国就业促进法》树立了一面(　　)的旗帜。

A. 高举劳动保护　　B. 同工同酬、男女平等

C. 城乡平等、男女平等　　D. 公平就业、反对歧视

8. 由国家制定和认可的,并由国家强制力保障实施的,具体规定权利、义务及法律后果的行为准则是(　　)。

A. 法律规范　　B. 宗教规范

C. 道德规范　　D. 政党行为规法

9. 我国清末法学家沈家本说:"法立而不行,与无法等。"这句话强调了(　　)。

A. 守法的重要性　　B. 立法的重要性

C. 学法的重要性　　D. 护法的重要性

10. 开展企业技能人才自主评价工作,目的是发挥企业人才培养的(　　)作用。

A. 社会职能　　B. 主体　　C. 个体　　D. 特殊

11. 负责技能型人才的职业技能鉴定指导和管理工作的部门是(　　)。

A. 组织部

B. 教育部

C. 人力资源和社会保障部门的人事考试中心

D. 人力资源和社会保障部门的职业技能鉴定指导中心

12. 浙江省人民政府办公厅关于加快推进技能人才队伍建设的意见:特别优秀的高级技师可以晋升特级技师,特级技师的相关待遇参照(　　)执行。

A. 高工　　B. 教授级高工　　C. 工程师　　D. 助理工程师

13. 职业资格证书制度是反映劳动者职业技能状况的一整套方针政策、法规体系和(　　)。

A. 管理方式　　B. 管理体制　　C. 组织形式　　D. 实施方法

14. 企业按规定足额提取职工教育经费,提取比例为公司上一年度职工工资总额的(　　)。

A. 1.5%～2.5%　　B. 1.5%～2%　　C. 1.5%　　D. 2.5%

15. 企业开展自主评价的职业(工种)须列入(　　),才能给予核发相应的资格证书。

A.《中华人民共和国职业分类大典》规定的职业名称工种

B. 行业设定的工种

C. 企业设定的工种

D. 地方设定的工种

16. (　　)是劳动者具有和达到某种职业所要求的知识和技能的凭证。

A. 技术水平　　B. 职业建设　　C. 工作能力　　D. 职业资格证书

17. (　　)是由全国人民代表大会及常务委员会制定、修改和颁布实施的强制约束性文件。

A. 宪法　　B. 法律　　C. 制度　　D. 章程

18. 只要人类社会存在,就会有教育存在,说的是教育的基本特点中的(　　)。

A. 历史性　　B. 永恒性　　C. 相对独立性　　D. 长远性

19. 全面贯彻党的教育方针,以提高国民素质、促进人的综合能力为宗旨的全面发展的教育培训活动称为(　　)。

A. 素质教育培训　　B. 德智体教育培训

C. 创新能力教育培训　　D. 科学知识教育培训

20. 培训不仅和就业直接联系,而且和岗位能力的提升密切相关,这说的是(　　)。

A. 同生产岗位相结合的直接性　　B. 隶属于劳动工作的专业性

C. 突出技能训练的操作性　　D. 为劳动就业服务的即时性

21.《中华人民共和国劳动法》第六十八条规定,从事技术工种的劳动者,上岗前必须经过培训。从而确立了(　　)的法律原则。

A. 边培训边工作　　B. 先培训后上岗
C. 先上岗后培训　　D. 随时培训

22. 2008年1月1日实施的《中华人民共和国就业促进法》确立的方针是(　　)。

A. 劳动者由政府提供就业与市场就业相结合
B. 劳动者自主就业,市场调节就业、政府安排就业相结合
C. 劳动者自主就业,政府促进就业
D. 劳动者自主就业,市场调节就业、政府促进就业相结合

23. 能力是指人驾驭活动本领的大小和熟练程度,这是从能力的(　　)来看的。

A. 发展的快慢　　B. 发挥的水平
C. 发展的效果　　D. 发挥的内容

24. 能力本位就是指在(　　)教学中,学生的一切学习活动都是以提高能力为目标的。

A. 职业培训　　B. 职业活动导向
C. 专业能力　　D. 行动导向

25. 在实施能力本位的教学中,学生的一切学习活动都是以提高能力为目标的。学生在学习活动中首先应提高(　　)能力。

A. 职业　　B. 创新　　C. 学习　　D. 实践

26. 将知识内化为能力是通过(　　)来实现的。

A. 知识的内化　　B. 职业素质的提高
C. 专业技术的提升　　D. 脑、心、手的联合作用

27. 能力本位体现在对人和组织的行为表现进行评定和奖惩时,应首先看其(　　),即能力发挥及其为社会做出贡献的状况。

A. 业绩　　B. 贡献　　C. 成绩　　D. 能绩

28. 现代职业培训教育的目标是培养学生的(　　)。

A. 知识　　B. 技能　　C. 职业能力　　D. 职业素质

29. 职业能力是指从事(　　),完成专业工作任务所具备的专业工作能力和个人所具备的职业核心能力的总称。

A. 生产活动　　B. 职业活动　　C. 社会活动　　D. 专业活动

30. 职业培训的特点是为劳动就业服务的即时性、突出技能训练的操作性、(　　)的直接性、隶属于劳动工作的专业性、侧重职业资格证书的非学历性。

A. 强调知识传授　　B. 同生产岗位结合

C. 解决劳动力市场需求　　D. 强调基础教育

31. 职业教育不是简单地"传授书本上的学习内容"的过程，而是发展设计能力和(　　)的过程。

A. 专业能力　　B. 职业行动能力

C. 职业能力　　D. 职业发展能力

32. 在人的职业成长过程的4个阶段中，每个阶段所要完成的工作任务的难度都不相同，因而每个阶段所需要学习的内容也不同，其中，"系统的工作任务"学习相当于(　　)阶段人员的学习任务。

A. 初学者　　B. 提高者　　C. 能手　　D. 专家

33. 职业素质是指劳动者从事职业工作所必须具备的(　　)的水平，也就是一个人的综合职业能力。

A. 技能、知识　　B. 技能、知识、学历

C. 技能、知识、阅历　　D. 技能、知识、态度

34. 能力本位的职业教育强调岗位需求和学生在学习过程的(　　)作用，课程可以长短不一，学生程度可以不同，学习方式，如全日、半日、业余等可以由学生决定。

A. 团队合作　　B. 主体　　C. 小组　　D. 自主

35. 传统职业教育的教学目标抽象，主要研究"学"什么，美国以能力为基础的教育教学目标，主要研究"(　　)"。

A. 能学什么　　B. 怎样做　　C. 怎样学　　D. 能干什么

36. 传统职业教育的教学方法是以教师讲授、演示为主，而美国以能力为基础的职业教育是以(　　)为主，教师辅导、指导的形式来学习的。

A. 学生自主学习　　B. 学生自己学习

C. 学生团队学习　　D. 学生合作学习

37. 以能力为本位(BTEC)模式的考核评估方法独特，评估目的是考核学

生(　　)的能力,主要通过课业的完成过程全面评估学生学习到了什么专业能力。

A. 完成工作任务　　B. 解决实际问题
C. 创新工作的能力　　D. 团队合作

38. 1969年,德国联邦政府公布了《职业教育法》,这是德国企业培训的法律基础。它意味着“(　　)”作为一个完整的培训体系完成了它的制度化过程。

A. 行为引导教学　　B. 项目教学
C. 双元制　　D. 行动导向教学

39. 德国“双元制”是学校与企业分工协作,以企业为主;理论与实践紧密结合,是一种以(　　)的成功的职教模式。

A. 理论为主　　B. 活动为主　　C. 实习为主　　D. 实践为主

40. 德国双元制改革的核心是专业内容的传授与(　　)的培养已成为德国教育改革的核心目标,跨岗位、跨专业、跨职业的能力已是21世纪职业人才必须具备的基本素质。

A. 关键能力　　B. 核心能力　　C. 职业能力　　D. 职业素质

41. 头脑风暴教学法亦简称“(　　)”,即为教师引导学生,以会议的形式,就某一确定主题开展的教学活动的一种教学方法。

A. SB教学法　　B. BBS教学法　　C. BS教学法　　D. BSS教学法

42. 项目教学法是师生以团队合作的形式针对一些具体的(　　)而进行的教学活动。

A. 产品　　B. 项目　　C. 任务　　D. 成果

43. 模拟教学法通常在一种(　　)的环境里,如在模拟办公室、模拟工厂里学习从事职业所需的知识。

A. 人造　　B. 自然　　C. 教学　　D. 生产

44. 案例教学法是学习者利用个人的亲身经验和知识,通过对案例的分析和研究来进行学习,达到为实践行为做(　　)的目的。

A. 检验　　B. 操作　　C. 准备　　D. 学习

45. 角色扮演教学法是让学生通过对各种角色的扮演和(　　)分析来学习,借此培养其社会能力和交际能力。

A. 模仿　　B. 操作　　C. 演习　　D. 比较

46. 下列不属于体验式培训的是(　　)。

A. 角色扮演　　B. 小组培训

C. 室内培训游戏　　D. 影视法

47. 下列不属于现场教学制的是(　　)。

A. 岗位培训　　B. 师徒培训　　C. 模拟教学　　D. 交流参观

48. 下列属于企业培训特有的教学模式的是(　　)。

A. 集体教学制　　B. 灵活教学制　　C. 个别教学制　　D. 复式教学制

49. 在培训师的组织下,学员之间互相启迪思想、激发创造性思维的培训方法是(　　)。

A. 头脑风暴法　　B. 角色扮演法　　C. 案例研究法　　D. 模拟训练法

50. 头脑风暴的缺点是(　　)。

A. 生成的点子太多　　B. 气氛太活跃

C. 往往质高而量也多　　D. 时间难控制

51. "破冰"是指在拓展中进行的,旨在使参加培训学员达到身心投入最佳状态的(　　)。

A. 导入活动　　B. 指导过程　　C. 结束活动　　D. 结束过程

52. 头脑风暴法在现代培训中被广泛应用,它能够激发学员的创新思维和解决问题的创造力。下列选项中不符合头脑风暴法的是(　　)。

A. 组织者和参加者可以对方案进行必要的评议和完善

B. 请每个人提出解决问题的建议和方案

C. 规定一个主题,组织学员明确要解决的问题,并进行讨论

D. 搜集可能的方案,交给大家反复讨论,剔除不合理、重复的内容,选出最优方案

53. 职业教育同普通教育和成人教育相比,其突出特点是(　　)。

A. 侧重于知识体系的构架

B. 侧重于实践技能和实际工作能力的培养

C. 侧重于在课堂上讲授

D. 侧重于知识的全面性

54. 下列不属于成人学习的特点的是(　　)。

A. 成人学习参与意识强烈

B. 成人学习强调学以致用

C. 当成人在生理和心理上都觉得舒适时,学习效果最好

D. 成人学习并不以理解学习为主

55. 一般情况下,下列不属于新员工内训的是(　　)。

A. 公司的历史、概况、业务、发展规划

B. 公司的规章制度、岗位职责、操作流程

C. 公司的行为准则、职业精神

D. 资格证书培训

56. 成人学习遵循五阶段的闭环规律,其规律的第一阶段是(　　)。

A. 反思过去　　B. 发现不足　　C. 激发回忆　　D. 类比运用

57. 成人学习具有很强的针对性、功利性,下列关于其原因的描述中不正确的是(　　)。

A. 成人学习要从属于工作　　B. 时间和精力有限

C. 要赢得竞争优势　　D. 理解能力强

58. 企业员工素质包括个体素质和(　　)素质两方面

A. 员工　　B. 群体　　C. 思想　　D. 道德

59. 下列对企业培训的认识中正确的是(　　)。

A. 企业培训是为对手培养人才的

B. 企业培训就是花钱

C. 企业培训就是讲课,无用或低效

D. 企业培训应是一个长期持续的过程,是企业批量制造人才的重要手段之一

60. 进行企业培训时,学员的大部分时间在(　　)是比较理想的状态。

A. 听培训师讲授课程

B. 向同学讲授,从学员那里学习

C. 讨论概念、练习技巧

D. 阅读资料、手册,观看幻灯片或者视频

61. 反应层评估一般应在(　　)进行。

A. 训后立即　　B. 训后一周内

C. 培训中途　　D. 训后半年

62. 对于培训评估最易犯的致命错误是(　　)。

A. 评估方案没有前置　　B. 评估不及时

C. 评估定性多定量少　　D. 外训从成本角度评估

63. 下列关于培训费用的分配描述中正确的是(　　)。

A. 业务部门、创造性部门的培训优先于服务部门、事务性部门

B. 一般员工的培训重于骨干、干部的培训

C. 花钱少的先安排

D. 态度性培训应重于知识、技能性培训

64. 下列不属于外训学员的档案的是(　　)。

A. 外训审批表　　B. 培训讲师资料

C. 外训复盘课件　　D. 外训所获证书

65. 小组培训以每个小组的人数为(　　)比较合适。

A. 9～11人　　B. 7～9人　　C. 4～6人　　D. 3～5人

66. 下列属于企业培训师的直接考察法的是(　　)。

A. 考察个人阅历　　B. 与其面谈

C. 考察教学效果　　D. 考察对培训目标的理解能力

67. 企业培训师应该是创建学习型组织工作中的亲身实践者,这就要求培训师首先应该成为(　　)。

A. 学习的组织者　　B. 学习型的个人

C. 学习的带头人　　D. 学习的指导者

68. 小组培训时,每个小组最好由(　　)人员组成。

A. 各方面都非常优秀的　　B. 有突出技能的

C. 知识丰富的　　D. 不同性格、不同知识和技能的

69. 一般来讲,拓展培训在实施的过程中是由(　　)组成的。

A. 课程导入、项目操作和总结回顾　　B. 导入、项目操作和回顾

C. 破冰、项目操作和总结　　D. 课题导入、项目操作和回顾

70. 企业培训教学的(　　)特点决定了培训必须突出动手操作能力的训练。

A. 确定性　　B. 实践性

C. 多样性　　D. 灵活性

71. 灵活教学制是指(　　)和教学形式的多样性。

A. 培训学员的多样性　　B. 培训目标的多样性

C. 培训策略的多样性　　D. 培训教学场所的多样性

72. 在培训班班务管理中,管理的重点应该是(　　)。

A. 教材　　B. 教师　　C. 纪律　　D. 学员

73. 在成人学习注意力曲线的图示中,在讲师授课的过程中,授课后(　　)是“讲师的坟墓”。

A. 10分钟　　B. 15分钟　　C. 20分钟　　D. 29分钟

74. (　　)在整个教学活动中心处于核心地位。

A. 培训项目　　B. 培训评估　　C. 教案　　D. 课程

75. 借助仿真技术进行的培训方式叫作(　　)。

A. 事务处理　　B. 角色扮演　　C. 模拟训练　　D. 案例研究

76. 下列关于团队的说法中不正确的是(　　)。

A. 心在一起才是团队

B. 团队就是打配合、打补位

C. 一个良好的团队就是一个有机体,也有生命

D. 团队有时并不需要目标

77. (　　)是优秀团队的灵魂、成功团队的特质。

A. 团队目标　　B. 团队团长　　C. 团队激励　　D. 团队精神

78. 下列不属于团队中大佬特征的是(　　)。

A. 个人能力强,能独当一面

B. 在团队中常常以绝对业绩跃跃领先于团队其他成员

C. 组织纪律散漫,好大喜功,目空一切,自身定位于团队功臣

D. 服从团队负责人正确的领导

79. 下列关于“团队”的说法中正确的是(　　)。

A. 任何一种组织都是一个“团队”

B. 不管宗旨是什么,只要它是一个团结的队伍,它就是团队

C. 由于实行扁平化管理,一个好的团队逐渐淡化了组织领导

D. 个人追求与组织发展方向高度一致是优秀团队的基本特征

80. 团队精神的核心内容是(　　)。

A. 分工协作　　B. 共同的价值观
C. 高水平参与　　D. 无间隙沟通

81. 团队内部引入竞争的好处,下列说法中不正确的是(　　)。
A. 有利于团队结构的优化,保持团队的长期活力
B. 有利于打破“披上团队外衣”的大锅饭,可消除成员的混吃等死
C. 有利于大局意识
D. 有利于激发团队成员的主动性、创造性及潜能

82. (　　)是指企业在经营管理的过程中,有计划、有目的、有步骤地对其成员进行的培养、训练活动,通过这种活动提高成员的协作精神、合作意识,使其为企业的发展目标而努力工作。
A. 团队作用　　B. 团队精神　　C. 团队利益　　D. 团队建设

83. 团队发展第一个阶段是(　　)。
A. 磨合期　　B. 创立期　　C. 发展期　　D. 终结期

84. 创建学习型组织需要进行的5项修炼的核心是(　　)。
A. 系统思考　　B. 自我超越
C. 转换心智模式　　D. 建立共同愿景

85. 下列不属于学习型组织基本特征的是(　　)。
A. 强调团队学习和组织学习　　B. 强调终身学习
C. 工作和学习不再分离　　D. 班组激励机制建设

86. 一般来讲,拓展培训在实施的过程中都是由(　　)、项目操作和总结3部分组成的。
A. 分组　　B. 要求　　C. 洒水　　D. 破冰

87. (　　)是基层单位通过一定的表格和文字形式对培训活动所做的最初记录。
A. 统计分析　　B. 统计调查　　C. 原始记录　　D. 资料整理

88. (　　)应该是创建学习型组织工作的设计者。
A. 管理者代表　　B. 企业培训师
C. 人力资源主管　　D. 各部门主管

89. 班组工作制度建设是依据组织(企业)的(　　),结合班组生产工作的实际情况,制定班组生产正常运行的工作制度。

A. 总体制度框架和原则　　B. 各项制度
C. 各项规划和制度　　D. 各项制度和原则

90. 拓展训练起源于(　　)。
A. 英国　　B. 美国　　C. 德国　　D. 法国

91. 在拓展培训中,"安全"是首要的,培训师不仅要保障学员的身体安全,而且还应努力做到使学员感到(　　)。
A. 身心安全　　B. 团队安全　　C. 心理放松　　D. 心理安全

92. 下列关于企业含义中表述正确的是(　　)。
A. 企业是以市场为导向,以社会责任最大化为主要目的,从事商品生产和经营的经济组织
B. 企业是以市场为导向,以盈利为主要目的,从事商品生产和经营的经济组织
C. 企业是实行自主经营、自负盈亏的社会组织
D. 企业是依法设立、依法经营的民间组织

93. 属于企业文化核心层的是企业的(　　)。
A. 行为文化　　B. 物质文化　　C. 规范文化　　D. 精神文化

94. 甲企业是一家只生产食品包装袋的小企业。由于该企业产品单一,工艺简单,规模小,所以最适合实行的组织形式是(　　)。
A. 直线职能结构　　B. 直线结构
C. 事业部结构　　D. 矩阵结构

95. 在管理中,决策是(　　)。
A. 高层管理人员所承担的任务
B. 高层主管和参谋人员所承担的任务
C. 高层和中层管理人员所承担的任务
D. 每一个管理人员都可能要从事的活动

96. 下列关于管理的论述中正确的是(　　)。
A. 管理的目的是为了提高效率　　B. 管理的本质是协调
C. 管理协调的中心是日常的事务　　D. 管理是指对事的管理

97. "5C"管理指的是(　　)。
A. 沟通、生产、冲突、创造性和指导训练

B. 沟通、变革、运输、创造性和指导训练

C. 沟通、生产、渠道、创造性和指导训练

D. 沟通、变革、冲突、创造性和指导训练

98. 公司制企业最高的权力机构是(　　)。

A. 股东大会　　B. 董事会

C. 高层经理班子　　D. 监事会

99. 生产车间的工段长、班组长属于(　　)。

A. 高层管理者　　B. 中层管理者

C. 基层管理者　　D. 中高层管理者

100. “马斯洛需求层次论”认为,人的最低层需要是(　　)。

A. 生理需要　　B. 安全需要　　C. 尊重需要　　D. 社交需要

101. “在管理的过程中,要下功夫狠抓单位的薄弱环节;否则,单位的整体工作就会受到影响。”这句话体现了企业管理的(　　)

A. 海豚法则　　B. 木桶法则　　C. 抽屉法则　　D. 刺猬法则

102. 在制度化管理的模式中,下列不属于管理人员在实施管理的特点的是(　　)。

A. 遵循因事设人的原则

B. 遵循人岗匹配的原则

C. 管理人员所拥有的权力受严格的限制

D. 每个管理者都拥有执行自己职能所必要的权力

103. 下列属于企业总体经营战略的是(　　)。

A. 成长战略　　B. 成本领先战略

C. 差异化战略　　D. 专一化战略

104. 企业经营的根本目标是(　　)。

A. 满足社会需要　　B. 实现利润最大化

C. 承担社会责任　　D. 实现资源使用的经济化

105. 人力资源是指在一定时间、空间条件下现实的和潜在的劳动力(　　)的总和。

A. 数量　　B. 质量

C. 数量和质量　　D. 人口

106. 下列不属于人力资源性质的是(　　)。

A. 能动性　　B. 时效性　　C. 社会性　　D. 不变性

107. 人力资源主要是以个体的形态存在的,这称为人力资源的(　　)。

A. 独立性　　B. 能动性

C. 有效性　　D. 资本性

108. (　　)的基本含义是寻找、发现、挖掘、选择。

A. 项目开发　　B. 开发

C. 课程开发　　D. 教材开发

109. 目标管理过程中最关键是(　　)。

A. 有效目标的设置　　B. 目标的实施与控制

C. 过程检查　　D. 自我调节

110. 属于企业文化核心层的是企业的(　　)。

A. 行为文化　　B. 物质文化

C. 规范文化　　D. 精神文化

111. 马斯洛需求理论一般分为五个层次,处于最高层的理论是(　　)。

A. 自我意识

B. 社交需求

C. 自我实现

D. 尊重需求

112. 对员工进行职业态度、人际关系处理技巧能力为主要内容的培训属于(　　)。

A. 技能培训

B. 知识传授培训

C. 态度转变培训

D. 工作方法改进培训

113. 人力资源管理者所要面临的主要难题是在有效的人力资源条件下如何在众多目标中达到(　　)的最大化。

A. 人力资源效益　　B. 整体效益

C. 个体效益　　D. 管理效益

114. 对于(　　),主要是借助他们自己的经验阅历,开发其顺应政治、经济、科技发展大趋势的决策能力和应变能力以及改革与创新能力。

A. 基层管理者　　B. 中层管理者

C. 中高层管理者　　D. 高层管理者

115. 企业在经过比较分析后选择最优结合的方案,并以最少的成本获得最大效益的人力资源管理原理称为(　　)。

A. 优化原理　　B. 能位匹配原理

C. 互补原理　　D. 激励强化原理

116. 下列不属于人力资源管理的内部环境的是(　　)。

A. 企业发展战略　　B. 企业组织结构

C. 企业总经理　　D. 企业文化

117. "金无足赤,人无完人"体现在人员甄选的原则上是(　　)。

A. 用人所长原则　　B. 民主集中原则

C. 因事择人原则　　D. 德才兼备原则

118. 人力资源开发的双重目标是(　　)。

A. 提高才能,增强活力　　B. 提高学历,增加效益

C. 提高觉悟,锻炼意志　　D. 加强保健,增强体魄

119. 在现代人力资源管理中,"以人为本"的理念是(　　)。

A. 把人当成"上帝",一切都服从、服务于"上帝"

B. 把人当成组织中最具活力、能动性和创造性的要素

C. 坚持群众路线,尊重群众意见

D. 关心员工的生活,提高员工的物质文化生活水平

120. 柯氏评估模型中的反应层评估是(　　)。

A. 对培训组织者的评估

B. 考察培训者的知识运用程度

C. 对学员岗位工作的评估

D. 评估学员的行为

二、多选题

121. 企业培训师应具备的素质包括(　　)。

A. 专业精神与职业道德　　B. 教学能力

C. 处理人际关系及技巧的能力　　D. 教材规划、设计与编制的能力

E. 导演能力

122. 职业培训课程的构成要素包括(　　)。

A. 培训计划　　B. 宗旨和目标

C. 内容及其选择范围和顺序　　D. 执行模式与课程评估

E. 课程框架

123. 常用的培训课程开发信息搜集的方法有(　　)。

A. 观察法　　B. 询问法　　C. 问卷法　　D. 座谈法

E. 分析法

124. 做好培训课程开发的基础性工作应当注意的要求是(　　)。

A. 与培训目标相一致　　B. 与课程目标相一致

C. 与培训计划相一致　　D. 与课程内容相一致

E. 保持课程开发基础性工作的系统性

125. (　　)不是培训统计的基础工作。

A. 制作方案　　B. 搜集与整理原始资料

C. 分析数据　　D. 建立统计台账

E. 制作统计报表

126. 考核指标的设计方法有(　　)。

A. 要素拟定法　　B. 标志选择法

C. 征询建议书　　D. 标度划分法

E. 关键指标法

127. 培训工作对提高人员素质具体表现在(　　)等方面。

A. 技能提升作用　　B. 行为改善作用

C. 知识更新作用　　D. 学历提高作用

E. 道德、思想熏陶作用

128. 企业培训教学作为教学的一种类型，除了可借鉴一般教学组织形式外，更重要的是要立足企业培训与生产实际相结合的特点，建立企业自身特有的教学模式，一般有(　　)。

A. 现场教学制　　B. 师徒帮带制

C. 灵活教学制　　D. 校企合作制

E. 复式教学制

129. 在培训教学活动的组织形式分类中,其组织形式有(　　)。

A. 案例研究　　B. 直接传授式

C. 头脑风暴法　　D. 参与式

E. 体验式

130. (　　)是培训统计的基础工作。

A. 制作方案　　B. 搜集整理原始资料

C. 分析数据　　D. 建立统计台账

E. 制作统计报表

131. 综合职业能力由知识、技能和(　　)组成。

A. 素质　　B. 经验　　C. 态度　　D. 职业道德

E. 能力

132. 在培训经济学中,培训成本包括(　　)。

A. 培训直接成本　　B. 学费收入

C. 培训间接成本　　D. 培训效益

E. 机会成本

133. 培训班前期准备工作包括(　　)。

A. 场地及教材准备　　B. 组织学员报名

C. 经费预算　　D. 培训师聘请

E. 破冰活动

134. 企业培训教学活动的基本方法有(　　)。

A. 参与式培训方法　　B. 直接式传授方法

C. 角色扮演方法　　D. 模拟训练方法

E. 体验式培训方法

135. 灵活教学制包括(　　)。

A. 交流参观　　B. 情景教学　　C. 模拟教学　　D. 仿真教学

E. 岗位培训

136. 企业培训教学的特点有(　　)。

A. 教学的实践性　　B. 教学培养目标的确定性

C. 教学形式灵活多样　　D. 教学和生产相结合

E. 教学的计划性

137. 关于团队精神的体现，下列内容正确的是（　　）。

A. 服务精神　　B. 协作精神　　C. 向心力　　D. 凝聚力

E. 士气

138. 下列属于拓展培训特点的是（　　）。

A. 挑战个人的心理极限　　B. 有团队荣誉，也有个性显示

C. 先行后知，先体验后总结　　D. 以单一刺激为主

E. 寓教于乐式自我感知、自我教育、自我提高

139. 人力资源开发的内容主要包括（　　）。

A. 开发员工的职业态度　　B. 开发员工的职业技能

C. 开发员工的职业潜能　　D. 开发员工的职业道德

E. 开发员工的学历水平

140. 按照社会实体单位的性质和特点，人员编制可分为（　　）。

A. 行政编制　　B. 企业编制　　C. 军事编制　　D. 事业编制

E. 政府编制

141. 内部选拔的缺点包括（　　）。

A. 选拔费用高　　B. 抑制个体创新

C. 产生“团体思维”　　D. 不利于组织的内部团结

E. 导致部门之间“挖人才”的现象

142. 结构化面试的优点包括（　　）。

A. 对面试考官的要求较低

B. 所搜集信息范围不受限

C. 有利于提高面试的效率

D. 对所有应聘者均按同一个标准进行

E. 以便于进行分析、比较，减少主观性

143. 影响员工个人薪酬水平的因素包括（　　）。

A. 年龄与工龄　　B. 劳动绩效　　C. 产品的需求　　D. 工作条件

E. 工会的力量

144. 班组管理是班组长日常工作的核心内容，主要包括（　　）。

A. 生产任务的安排　　B. 生产中突发问题的处理

C. 对员工的奖惩　　D. 上下沟通

E. 班组工作的协调

145. 工作团队的类型有(　　)。

A. 问题解决型　B. 自我管理型　C. 特定目标型　D. 多功能型

E. 项目型

146. 人力资源结构的主要内容包括(　　)。

A. 年龄结构　B. 职称结构　C. 性别结构　D. 文化结构

E. 技能结构

147. 岗位的设置要考虑的因素有(　　)。

A. 经济发展趋势对企业的影响　B. 产业结构变化对企业的影响

C. 企业发展规模和实际运行情况　D. 有利于生产管理和组织协调

E. 将管理成本控制在最佳范围之内

148. 职业的要素包括(　　)。

A. 规章制度　B. 名称　C. 报酬　D. 场所

E. 对象

149. 职业的特性是(　　)。

A. 社会性　B. 经济性　C. 独立性　D. 技能性

E. 变化性

150. 聘任企业培训师前应事先明确的事项包括(　　)。

A. 课时费　B. 教学任务

C. 教学模式　D. 教学效果与违约责任

E. 教学支持

三、判断题

(　　)151. 企业要强化职工培训,提高职工素质。

(　　)152. 规定"从事技术工种的劳动者,上岗必须经过培训"的是《中华人民共和国民办教育促进法》。

(　　)153. 职务分析与工作设计是人力资源管理的基础性工作。

(　　)154. 人力资源管理与人事管理的区别有基本职能不同。

(　　)155. 环境对人力资源的效用影响很小。

(　　)156. 培训需求的确定是所有培训活动的开始。

(　　)157. 宪法是制定普通法律的依据,具有最高的法律效力,任何法律、法规都不得同宪法相抵触。

(　　)158. 民主集中制是我国人民代表大会制度的组织原则。

(　　)159. 人的职业成长过程分为4个阶段，即初学者、提高者、能手和专家。在这4个阶段中完成的工作任务的难度不同，具备的能力水平也不同。

(　　)160. 翻转课堂和慕课都是基于数字化技术的。

(　　)161.《宪法》第四十二条规定："中华人民共和国公民有劳动的权利和义务。劳动是一切有劳动能力的公民的光荣职责。"同时还规定："国家对就业前的公民进行必要的劳动就业训练。"

(　　)162. 外训就是在到企业外部所进行的培训。

(　　)163. 企业培训重要的原则之一是长期可持续。

(　　)164. 培训评估一般采用柯氏四级评估法。

(　　)165. 经公司批准的年度培训计划一般是在每年1月份发给各个部门去实施。

(　　)166. 团队与群体最大的区别是团队总体绩效大于成员绩效之和。

(　　)167. 拓展训练就是体育活动加游戏，非常有意思。

(　　)168. 拓展训练也叫体验式培训。

(　　)169. 人力资源开发是使人力资源保值、增值的一项工作。

(　　)170. 职业资格证书是劳动者具有和达到某种职业所要求的知识和技能的凭证，是职业标准在劳动者身上的体现和定位。

第三节　专业知识试题

培训需求分析试题

一、单选题

1. 不同的组织发展战略模式的培训重点不同，其中岗位技能培训、人际沟通是(　　)的培训重点。

A. 内部成长战略　　B. 外部成长战略

C. 专一化战略　　D. 紧缩投资战略

2. 培训的最根本目的是(　　)。

A. 为了提高企业的基础能力

B. 使新员工尽快地适应其工作岗位

C. 提高和改善员工绩效

D. 提高和增进员工对组织的认同感和归属感

3. 培训需求评估的特点有主体多样性、客体多层次性、方法多样性、较强指导性、(　　)等。

A. 科学战略性　　B. 对象广泛性

C. 内容丰富性　　D. 专业针对性

4. 人员培训活动的起点是(　　)。

A. 培训目标的确定　　B. 培训计划的确定

C. 培训师资的选定　　D. 培训需求的确定

5. 任何人力资源培训开发都产生于某种(　　)的需要之上。

A. 市场、组织及人员　　B. 产品、顾客及人员

C. 组织、工作任务及人员　　D. 社会、市场及企业

6. 对培训部门及机构的分析,也包括经理及其他层次管理者、普通员工的分析,是指(　　)。

A. 培训需求评估的主体具有多样性

B. 培训需求评估的客体具有多层次性

C. 培训需求评估的对象具有广泛性

D. 培训需求评估的方法具有多样性

7. 人员培训活动的起点是(　　)。

A. 培训目标的确定

B. 培训计划的确定

C. 培训师资的选定

D. 培训需求的确定

8. 培训组织工作(　　)的时间需要用在培训需求评价与培训计划阶段。

A. 90% B. 60% C. 20% D. 80%

9. 培训需求分析实际上就是( )。

A. 寻找“压力点” B. 人才开发

C. 寻找“增值点” D. 智力投资

10. ( )是以工作说明书、工作规范等作为员工任职要求的依据,将其和员工平时工作中的表现进行对比寻找差距的方法。

A. 面谈法 B. 工作任务分析法

C. 观察法 D. 重点团队分析法

11. 在培训需求分析方法中,( )是指通过考察员工目前的绩效与组织目标的绩效之间存在的差距,分析原因,判定是否开展培训活动。

A. 问卷调查法 B. 员工个人培训需求分析法

C. 绩效分析法 D. 观察分析法

12. 在培训需求信息搜集方法中,( )能够在短时间内搜集到大量的反馈数据,并且易于对数据进行归纳。

A. 问卷调查法 B. 面谈法

C. 绩效分析法 D. 观察分析法

13. 对工作任务安排非常紧凑的员工进行培训需求分析时,不宜采用的调查方法是( )。

A. 观察法 B. 问卷调查法

C. 面谈法 D. 工作分析法

14. 调研问卷法作为重要的培训需求分析方法之一,它的优点不包括( )。

A. 易搜集具体信息 B. 可大规模开展

C. 成本低 D. 信息齐全

15. 组织需求分析不包括( )。

A. 人力资源规划分析 B. 生产效率分析

C. 文化分析 D. 工作绩效评价分析

16. 组织层次的培训需求分析的内容不包括( )。

A. 组织目标 B. 组织资源 C. 工作任务 D. 组织环境

17. 岗位技能培训、人际沟通是( )的培训重点。

A. 专一化战略　　B. 内部成长战略

C. 外部成长战略　　D. 紧缩投资战略

18. (　　)是指通过对企业完成某一项任务(工程)所需的知识、技能状况同现有状况的差距的分析,来确定组织的培训需要及培训内容。

A. 组织分析　　B. 岗位分析　　C. 工作分析　　D. 绩效分析

19. (　　)就是让应试者与他的假定的某个领导、下属、同事或顾客进行面对面的谈话。

A. 管理游戏　　B. 模拟面谈　　C. 无领导小组　　D. 角色扮演

20. 面试中小组成员各被分配一定的工作内容,以完成某项"实际工作任务"为基础,用于考察应试者的综合管理能力的面试形式是(　　)。

A. 管理游戏　　B. 无领导小组讨论

C. 角色扮演　　D. 情景模拟

21. 企业的人员素质测评不包括(　　)。

A. 认知能力　　B. 社会成熟程度

C. 行为风格因素　　D. 人生观

22. (　　)是指借助计算机分析技术,从个体品德结构要素中确定一些基本要素,再从基本要素中选择一些表征行为或事实,然后要求被测评者就自己是否具备这些表征行为与事实予以报告。

A. FRC品德测评法　　B. 问卷法

C. 投射技术　　D. 认知测验方法

23. 绩效差距分析法的5个环节步骤顺序是(　　)。

①发现问题阶段　②预先分析阶段　③需求分析阶段　④资料搜集阶段　⑤需求分析结果

A. ①②③④⑤　　B. ①②④③⑤

C. ①③④②⑤　　D. ①③②⑤④

24. 绩效差距分析法的5个环节步骤中第一个步骤是(　　)。

A. 发现问题阶段　　B. 预先分析阶段

C. 需求分析阶段　　D. 资料搜集阶段

25. 绩效差距分析法的5个环节步骤中最后一个步骤是(　　)。

A. 需求分析结果　　B. 预先分析阶段

C. 需求分析阶段　　　　　　　　D. 资料搜集阶段

26. (　　)旨在对员工培训需求提供一个连续的反馈。

A. 全面任务分析模型　　　　　　B. 循环评估模型

C. 绩效差距分析模型　　　　　　D. 阶段评估模型

27. 培训需求调查计划的内容不包括(　　)。

A. 主管领导的审批意见　　　　　B. 确定培训需求调查工作的目标

C. 调查工作的行动计划　　　　　D. 选择合适的培训需求调查方法

28. 实施培训需求调查工作时,要对各部门申报的培训需求进行分析,目的是(　　)。

A. 节约培训成本　　　　　　　　B. 确认培训目的

C. 消除片面需求　　　　　　　　D. 争取员工支持

29. 培训需求系统的主体部分是组织、(　　)和人员三个层面的培训需求分析。

A. 绩效　　　　B. 工作　　　　C. 文化　　　　D. 创新

30. 需求分析结果是确定(　　)和培训目标、设计培训课程计划的依据和前提。

A. 培训需求分析结果　　　　　　B. 培训需求调查

C. 培训需求评估计划　　　　　　D. 培训需求来源

31. (　　)是对报告要点的概括,是为了帮助读者迅速掌握报告要点而写的,要求简明扼要。

A. 解释　　　　B. 报告提要　　C. 评论　　　　D. 附录

32. 撰写需求评价报告的最终目的在于(　　)。

A. 对培训需求结果进行评价　　　B. 对培训需求结果进行解释

C. 对培训需求结果提出建议　　　D. 确定是否需要培训及培训什么

33. 通过提问清单可以系统地了解所关心的内容,可以进行跟踪提问,可以进行劝导,这是(　　)的优点。

A. 问卷调查法　B. 访谈法　　　C. 现场取样法　D. 观察法

34. 头脑风暴法的优点是(　　)。

A. 排除思维障碍,消除心理压力

B. 加强竞争意识

C. 理论联系实际

D. 学习与交流各种技能,带动学习气氛

35. 不能显示解决办法,需要分析专家,这是(　　)的缺点。

A. 关键事件法　B. 访谈法　C. 小组讨论法　D. 档案资料法

36. 实施培训需求调查工作时,要对各部门申报的培训需求进行分析,目的是(　　)。

A. 节约培训成本　B. 确认培训目的

C. 消除片面需求　D. 争取员工支持

二、多选题

37. 下列关于培训的说法中正确的是(　　)。

A. 培训的主要目的是为了组织的生存和发展

B. 培训不局限于企业

C. 培训内容包括知识和技能

D. 培训内容包括心理素质和价值观

E. 培训是增加与改进并重

38. 培训广泛的多样性包括(　　)。

A. 层次的多样性　B. 类型的多样性

C. 内容的多样性　D. 形式的多样性

E. 战略的多样性

39. 培训的使命可以概括为(　　)。

A. 培训与发展帮助企业解决现存问题

B. 帮助企业补充为实现发展目标所需的不足

C. 使员工更好地适应组织文化

D. 提高员工绩效

E. 提高工作满意度

40. 员工培训需求分析的具体表现为(　　)。

A. 正确制订培训战略和计划　B. 确定培训的内容和方式

C. 评估培训的成果　D. 提供培训的材料

E. 准备培训的经费

41. 培训需求分析的意义包含(　　)。

A. 明确主要培训内容

B. 有助于估算培训成本

C. 提供测量培训效果的依据

D. 获得其他有益于组织发展的调查信息

E. 有助于提高个人待遇

42. 培训需求分析一般从(　　)几个层次上进行。

A. 岗位结构　　B. 战略　　C. 业务部门　　D. 组织

E. 员工个人

43. 分析培训需求应关注(　　)。

A. 员工的现状　　B. 培训的目标

C. 受训员工存在的问题　　D. 企业的业绩

E. 受训员工的期望和真实想法

44. 培训需求评价计划包括(　　)。

A. 培训需求评价工作的行动计划

B. 确定培训需求评价工作的目标

C. 选择合适的培训需求调查与分析方法

D. 确定培训需求评价的内容

E. 选择性价比最高的师资

45. 培训需求分析就是采用科学的方法,弄清(　　)。

A. 培训什么　　B. 培训方法

C. 为什么要培训　　D. 培训方式

E. 谁最需要培训

46. 根据培训对象的不同,培训需求分析可分为(　　)。

A. 业务部门的培训需求分析　　B. 新员工的培训需求分析

C. 管理部门的培训需求分析　　D. 在职员工的培训需求分析

E. 设计部门的培训需求分析

47. 进行培训需求分析时,需评估员工的实际工作绩效,评估依据有(　　)。

A. 员工同事的评价　　B. 员工主管的书面评价

C. 员工的技能测试成绩　　D. 员工业绩考核的记录

E. 员工个人填写的培训需求调查问卷

48. 培训需求评价的结果可以用于(　　)及员工职业生涯发展等。

A. 培训计划的编制　　B. 培训内容的安排

C. 培训方法的选择　　D. 培训课程设计

E. 培训负责人的选用

49. 如果选择问卷调查法搜集培训需求信息,设计问卷时应注意(　　)。

A. 语言简洁　　B. 问卷问题清楚明了

C. 多采用主观问题方式　　D. 问卷填写者须署名

E. 问题后应留填写意见的足够空间

50. 分析、总结培训需求数据这一阶段包括(　　)。

A. 培训需求信息的归类、整理　　B. 培训需求信息的分析、总结

C. 培训需求结果的处理　　D. 培训需求结果的总结

E. 培训需求结果的上报

51. 选择与使用培训需求信息搜集方法时,应该注意到(　　)。

A. 方法最好混合使用　　B. 降低方法的控制程度

C. 做好充分准备　　D. 结合自身特点

E. 尽量降低成本

三、判断题

(　　)52. 在传统上,培训的重点一般放在基本技能和高级技能这两个层次上。

(　　)53. 培训需求评估是确定培训目标、设计培训规划的基础,也是进行培训效果评估的前提。

(　　)54. 培训需求分析是培训工作的第一步,在此之前不需要做任何工作。

(　　)55. 确定培训需求评价的内容是分析本次培训调查应得到哪些资料,这就是需要调查的内容。

(　　)56. 培训需求由组织的计划部门、相关岗位、相关部门以及培训组织管理部门共同协商确定。

(　　)57. 从调查结果中找出培训需求,此时应注意个别需求和普遍需求、当前需求和未来需求之间的关系。

(　　)58. 报告结论要以调查的信息为依据,可以个人主观看法做出结论。

(　　)59. 撰写需求评价报告的最终目的在于确定是否需要培训及培训什么。

(　　)60. 培训需求评价的结果可以用于员工职业生涯发展等。

(　　)61. 培训方法选择的参考依据之一可以是培训需求评价的结果。

(　　)62. 培训需求评价的结果可以用来作为培训内容选择的依据。

培训计划试题

一、单选题

1. (　　)主要是企业发展与员工素质相关的信息。

A. 基本素材台账　　B. 员工基本素质台账

C. 相关信息台账　　D. 培训素材基础台账

2. 培训项目开发辅助信息不包括(　　)。

A. 组织目标信息　　B. 培训师资信息

C. 培训教材信息　　D. 培训费用信息

3. 组织人员培训,公司通常提前(　　)通知培训人员报名,以便参加培训的人员可以安排好他们的时间表,从而在培训时准时参加。

A. 半年　　B. 两到三个月

C. 半个月到一个月　　D. 一个星期到两个星期

4. 搜集培训计划信息应注意的问题不包括(　　)。

A. 要搜集有用的信息,不是无关的信息

B. 要搜集鲜活的信息,不是过时的信息

C. 要搜集具体的信息,不是笼统的信息

D. 要搜集整理的信息,不是零碎的信息

5. 进行信息搜集时,要注意:一是信息搜集要尽量全面;二是信息搜集要准确;三是(　　)。

A. 信息的整理要清楚　　B. 信息搜集要广泛

C. 信息搜集要客观　　D. 信息搜集要完善

6. 在培训项目开发工作中,文字材料的信息搜集说明包括(　　)。

A. 在信息搜集的时间、途径等　　B. 组织目标与组织气候信息

C. 培训设施信息　　D. 培训地点信息

7. 在搜集培训项目开发辅助信息的常用方法中,不包括通过(　　)获取信息。

A. 召开座谈会　　B. 电视广播

C. 开展学习与交流活动　　D. 参加企业有关活动

8. 在搜集培训计划所需的直接信息和辅助信息后,助理企业培训师需要对其进行分类加工,形成文字材料,文字材料需要包括信息搜集说明与(　　)。

A. 信息分类　　B. 信息来源

C. 初步分析　　D. 培训主体内容

9. 下列不属于信息分类中的类别的是(　　)。

A. 依据类信息　　B. 条件类信息

C. 主体类信息　　D. 理论类信息

10. 在信息材料的提炼与使用过程中,对于提炼好的材料,要进一步评估其代表性、典型性和(　　)。

A. 贴切性　　B. 可借鉴性　　C. 针对性　　D. 系统性

11. (　　)是开发培训项目的核心和最基础性的工作,也是培训工作者的基本工作内容。

A. 基本素材台账　　B. 员工基本素质台账

C. 相关信息台账　　D. 培训素材基础台账

12. (　　)要求培训工作者必须到生产或工作的现场,敏锐地发现问题并及时记录,待个案积累到能够反映问题实质且有代表性,并形成一定规模的目标人群时,就可以作为项目开发依据提出培训项目开发方案。

A. 员工基本素质台账　　B. 新信息台账

C. 综合台账　　D. 基本素材台账

13. 建立培训素材基础台账时,(　　)要求企业随着情况的变化,对本单位已有台账模式进行修改、完善,以保持台账的动态变化。

A. 拿来法　　B. 改造法　　C. 借鉴法　　D. 独创法

14. 根据本企业培训的实际需要,凭借自己的经验、创意,经过一定的调

查研究自行设计基础台账，并在实践中不断地加以完善的方法是(　　)。

A. 拿来法　　B. 改造法　　C. 创新法　　D. 独创法

15. 一个好的培训素材基础台账，体现在其(　　)上，即能够促进企业培训工作不断提升针对性、提高培训质量等。

A. 有效性　　B. 独特性　　C. 针对性　　D. 创新性

16. 建立培训素材基础台账时，下列说法中错误的是(　　)。

A. 从实际出发，因事设"账"，要重基础、重源头

B. 准确地把握并解释台账中的各项具体内容、术语、概念的内涵

C. 把建、管、用有机地结合起来，实现管理手段的现代化、高效化

D. 各项基础台账与相关部门的台账应当相互独立，无须衔接

17. 安排课程对应的参训人员时，公司通常提前(　　)通知培训报名，以便于参训人可以安排好他们的时间表，在培训日时有时间参加。

A. 半年　　B. 两到三个月

C. 半个月到一个月　　D. 一个星期到两个星期

18. 制订培训计划的顺序是(　　)。

A. 先部门，后公司　　B. 先公司，后部门

C. 公司与部门同时进行　　D. 以上都可以

19. 培训项目信息包括培训月份、培训类型、培训名称、培训方式、参加人员范围、重点参加人员、(　　)等。对于重点参加人员，培训后要进行考核。

A. 培训教材　　B. 培训课程　　C. 培训地点　　D. 费用预算

20. 关于培训项目通知，下列说法中错误的是(　　)。

A. 让受训者对培训有一个明确的班期预期

B. 确保每一个应该来的人都收到通知

C. 可以电话通知培训信息

D. 最好在培训的前一天进行通知

21. 关于内部培训师的选拔，下列说法中错误的是(　　)。

A. 要在企业高层管理者的支持下进行，使得选聘兼职培训师的工作更具有权威性

B. 在前期动员工作的基础上，人力资源培训部门或培训的组织者就要着手实施选拔工作

C. 培训师队伍的培训是建立内部培训师队伍关键的一环

D. 培训师的资格认定标志着培训师队伍最终建立起来

22. 编制培训预算时，成本的计算可以按照需求分析、课程开发、培训实施和(　　)等分类统计在培训经费预算表中加以分析，据此还可估计各种潜在的现金收益。

A. 培训对象的分析　　B. 培训项目的评估

C. 培训内容　　D. 培训时间

23. (　　)直接影响着培训初期规划的进行以及培训实际效果的好坏。

A. 培训内容　　B. 培训费用

C. 培训计划　　D. 培训时间

24. 关于培训预算问题，不同的企业处理方式也不尽相同，下列选项中不是其中所包含的是(　　)。

A. 比例预算法　　B. 需求预算法

C. 人均预算法　　D. 分类预算法

25. 根据企业全年产品销售额的一定百分比来确定培训经费预算额，根据全年纯收入的百分比或总经费预算的百分比来确定培训经费预算额的方法叫作(　　)。

A. 比例预算法　　B. 需求预算法

C. 人均预算法　　D. 分类预算法

26. 在培训预算方法中，(　　)能以有限的资金谋求最大的利益。

A. 比例预算法　　B. 需求预算法

C. 人均预算法　　D. 费用总额法

27. 下列说法中错误的是(　　)。

A. 培训者需要让培训有一个良好的开端，并且一直保持下去

B. 培训者无须了解受训者的水平和学习动机

C. 培训者可以对受训者关心或担心的问题表示关注，或者让受训者签署一份学习协议

D. 培训者应竭尽所能营造一种相互尊重和开放的氛围

28. (　　)不是一份成功的年度培训计划所具有的特点。

A. 简洁　　B. 结构化　　C. 语言严肃刻板　　D. 逻辑清晰

29. 年度培训计划的内容中不包括(　　)。

A. 封面与目录　　B. 培训工作重点与目标

C. 需求调查与结果分析　　D. 培训对象的确定程序

二、多选题

30. (　　)是培训计划基础性台账的内容。

A. 基本素材台账　　B. 综合台账

C. 员工基本素质台账　　D. 生产流程台账

E. 相关信息台账

31. 培训计划的直接信息是指与培训计划直接相关的主体信息,其中包括(　　)。

A. 组织目标方面的信息　　B. 培训需求方面的信息

C. 培训师资方面的信息　　D. 培训费用方面的信息

E. 培训对象方面的信息

32. 搜集培训计划复杂化信息的常用方法有(　　)。

A. 查阅企业培训师人才库

B. 参加企业召开的安全分析会、经营分析会、现场办公会等

C. 面谈和开展问卷调查

D. 到企业的培训基地和社会上的职业院校进行调查访问

E. 观察法

33. 在为开发培训项目进行信息材料的提炼与使用中,应当注意(　　)。

A. 必须进行反馈

B. 必须实事求是

C. 必须科学加工

D. 在加工的基础上,形成一份经验材料

E. 必须进行评估

34. 提炼与使用信息材料时,需要注意的有(　　)。

A. 标题一定要精练、明确

B. 去粗取精、去伪存真、由此及彼、由表及里

C. 尽量用实例说话,而不能只是干巴巴地罗列文字

D. 对于提炼好的信息,可以不必进行评估

E. 材料内容要突出重点

35. 建立培训素材基础台账的方法包括(　　)。

A. 拿来法　　B. 借鉴法　　C. 独创法　　D. 改造法

E. 创新法

36. 建立基本素材台账时,要注意的有(　　)。

A. 要有自己企业的特色和个性,有创新发展

B. 要按照管理人员、营销人员、操作人员等分类建立

C. 突出员工素质的现实差距及其原因的准确分析和记载

D. 设立"紧急状态信息栏",提醒培训管理者和有关人员,对员工存在的某些已经制约企业发展、危及安全生产的素质差距及时采取对策

E. 反映员工自然情况倾向的同时,注明岗位规范书、工作说明书对该岗位的资历、经验、能力等方面的素质要求

37. 下列说法中正确的是(　　)。

A. 内部讲师的好处是成本较低,而且有时比外部讲师优秀

B. 培训的后勤保障需要确保:我们有地方运营该课程(不管在内部或外部)、学员住宿(如果需要的话)

C. 公司通常提前一到两个星期通知培训报名,以便于参训人可以安排好他们的时间表,在培训日时有时间参加

D. 公司的评价体系应该要求经理和员工讨论个人的培训需求

E. 系统、全面、到位的培训需求分析是制订年度培训计划首先要做的步骤

38. 技术支持部门的部门级培训计划可以包括(　　)。

A. 应用技术培训　　B. 公司产品知识培训

C. 商务知识培训　　D. 销售策略培训

E. 代理产品知识培训

39. 外部培训资源的开发途径有(　　)。

A. 从大学院校聘请教师　　B. 聘请专职培训师

C. 聘请本专业专家学者　　D. 在网络上寻找并联系教师

E. 从顾问公司聘请培训顾问

40. 培训经费预算表中可包括(　　)。

A. 培训设备　　B. 培训项目实施

C. 培训奖金　　D. 文化活动项目实施

E. 下属公司

41. 重视项目启动的准备工作,其中包括(　　)。

A. 准备可行的课程计划、装备视听或电脑设备,布置培训环境

B. 让受训者对培训形成一定预期,了解他们当前的专业水平和学习动机

C. “打破坚冰”,让大家相互熟悉并建立起和谐的人际关系

D. 营造一种相互尊重和开放的氛围

E. 对受训者关心或担心的问题表示关注,或者让受训者签署一份学习协议

42. 培训计划执行前的确认表内容包括(　　)。

A. 序号　　B. 工作内容　　C. 检查日期　　D. 检查情况

E. 备注

43. 阐述年度培训计划实施过程中可能会遇到的问题与阻力,一般潜在的问题可能会包括(　　)。

A. 部门级培训计划的执行问题　　B. 外部培训课程甄别问题

C. 通用性课程开发问题　　D. 内训课程外聘讲师评估问题

E. 计划外课程的申请与实施问题

三、判断题

(　　)44. 培训教材方面的信息属于与培训计划直接相关的主体信息。

(　　)45. 作为培训工作者,了解企业发展与管理的因素以及职工素质的基本状况,并不是培训者的终极目的。

(　　)46. 培训规模方面的信息是与培训计划直接相关的主体信息。

(　　)47. 作为培训项目开发的前期工作,只需搜集与培训项目本身体直接关联的培训需求信息,对于搜集与培训计划相关的各种辅助信息不做要求。

(　　)48. 要搜集师资方面的信息,可以去查阅企业培训师人才库,这是通过调查研究获取信息。

(　　)49. 要获取培训时机、组织目标、组织气氛等方面的信息,可以去参加企业召开的安全分析会、经营分析会、现场办公会等,聆听领导和专家的

发言,这是通过参加企业的有关活动获得信息。

(　　)50. 培训师资、培训目的属于培训信息中的主体类信息。

(　　)51. 计划的必要性、理由和依据,计划的可行性,组织目标与组织气候,培训时机,学员的基础能力与学习兴趣等属于依据类信息。

(　　)52. 材料内容需要突出正面经验,对于反面经验,尽可能地不涉及。

(　　)53. 将顾客的意见和建议写实存档,作为产品技术人员或市场营销人员培训计划的素材积累,这是建立基本素材台账的内容。

(　　)54. 员工基本素质台账是员工总数与男女比例等基本情况,是开发培训项目的核心和最基础性的工作,也是培训工作者的基本工作内容。

(　　)55. 大、中型企业必须建立培训素材基础台账,而对于小型企业不做要求。

(　　)56. 建立基本素材台账时,要按照培训信息、政策信息、师资信息等分类设置。

(　　)57. 因为安排课程对应的参训人员时,一些参训者可能会在最后一刻取消报名(通常是由于工作的压力),所以要有备选学员可以候补空余的培训名额。

(　　)58. 通过分析、对比过去的培训预算使用额来推算培训预算的方法叫做需求预算法。

(　　)59. 对培训者来说,善于体察受训者的社会需求并能迅速采取措施增强他们的归属感是一种很重要的能力。

(　　)60. 年度培训计划就是一张年度培训课程计划表,对下一年度的培训做统筹规划。

培训课程开发试题

一、单选题

1. (　　)是课程开发的核心。

A. 制约机制　　B. 社会需求　　C. 个性发展　　D. 企业发展

2. 培训(　　)是为课程的实施制订的具体行动方案。

A. 项目计划　　B. 实施计划

C. 课程教学大纲　　D. 教学计划

3. (　　)在整个教学活动中心处于核心地位。

A. 培训项目　B. 培训评估　C. 教案　D. 课程

4. 下列不属于职业培训课程与学科性课程区别的是(　　)。

A. 课程的时长不同　　B. 课程的目标不同

C. 注重时效性的程度不同　　D. 课程的内容、编排形式不同

5. 了解培训课程内容的目的在于(　　)。

A. 更有针对性地开发培训项目

B. 更有针对性地分析需求

C. 更有针对性地选择或开发教材

D. 更有针对性地制定评估标准

6. 培训课程的内容是以(　　)为主体的。

A. 技能训练目标　　B. 理论知识

C. 文化知识　　D. 教师知识水平

7. 狭义的培训课程是指针对(　　)而设计的培训教学内容。

A. 某一职业科目或某项培训活动　B. 职业院校的日常教学

C. 某项培训活动　　D. 某教学手段

8. 一般来说,职业培训课程由5个要素构成,即:对学员和环境的假定所组成的课程框架;宗旨和目标;(　　);执行的模式和课程评价。

A. 内容及其选择范围和顺序　　B. 课程的内容和选择范围

C. 课程的内容和基本要求　　D. 选择的范围和依据

9. 培训课程开发的依据是(　　)。

A. 课程教学大纲

B. 教材的选定和编制

C. 培训项目实施计划中的培训目的、目标

D. 培训项目中的各项要求

10. 下列关于职业培训课程的特征的表述中不正确的是(　　)。

A. 课程目标对社会劳动力需求的直接性

B. 课程设计中的技能训练有一定比例界定

C. 理论知识服从于技能要求,不强调系统性

D. 注意经济性和政治性

11. 职业技术课程内容选择的主要方法是(　　)。

A. 职业需求　　B. 职业分析　　C. 职业活动　　D. 职业目标

12. 职业培训教学备课不须遵循的原则是(　　)。

A. 教学内容的规定性　　B. 教学对象的可受性

C. 教学方法的规范性　　D. 教学目的的决定性

13. 职业性的培训课程重在技能结构的系统性和(　　),在技能点的安排上,利于技能发展和职业技能鉴定,利于学员对技能的学习和把握。

A. 有效性　　B. 优先性　　C. 完整性　　D. 灵活性

14. (　　)既包括学校职业教育,又包括职业培训。

A. 广义的职业教育　　B. 狭义的职业教育

C. 广义的课堂教育　　D. 狭义的课堂教育

15. 与传统学校教育课程相比,下列不属于企业培训课程特征的是(　　)。

A. 目的性　　B. 快捷性　　C. 前瞻性　　D. 相关性

16. 培训项目与培训课程的关系是(　　)。

A. 局部和全局关系　　B. 全局和局部关系

C. 被决定性关系　　D. 被支配关系

17. 培训项目一经确定,首先要考虑的问题是(　　)。

A. 教材选定　　B. 教师聘任　　C. 课程开发　　D. 实施方案

18. 培训项目开发辅助信息不包括(　　)。

A. 组织目标信息　　B. 培训师资信息

C. 培训教材信息　　D. 培训费用信息

19. 培训课程开发不是随意的,它是为实施某一具体的(　　)而开发相应的培训教学内容。

A. 培训项目计划　　B. 培训教学计划

C. 培训目标　　D. 培训任务

20. 培训项目实施计划中的(　　)是培训课程开发的最直接的依据。

A. 培训目的、目标和培训设计　　B. 培训背景、目标和培训内容

C. 培训背景、目标和培训设计　　D. 培训目的、目标和培训内容

21. 培训项目有其特殊的针对性和指向性，对课程开发也具有强制的(　　)。

A. 局限性　　B. 分解性　　C. 前瞻性　　D. 支配性

22. 在培训课程内容确定后，要进一步确定培训教材的(　　)。

A. 开发目标　　B. 开发组织工作计划

C. 开发实施工作计划　　D. 开发工作程序

23. 为更加有针对性地选择或开发教材，首先应了解(　　)。

A. 培训课程需要的时间

B. 培训课程设置的主要目标

C. 培训课程需要的教学组织形式

D. 培训课程内容的范围和顺序

24. 下列不属于对培训课程开发重要性认识的是(　　)。

A. 主动参与培训项目实施计划具体内容的细化工作

B. 积极参与培训项目实施计划的实施活动

C. 通过课程开发赚钱

D. 用对比方法看课程开发的重要性

25. 课程开发要注重为受训人员的个性发展提供空间，最大限度地调动他们的(　　)，让他们充分发挥自己的聪明才智。

A. 创新性、有效性　　B. 积极性、创新性

C. 积极性、主动性　　D. 主动性、有效性

26. (　　)作为企业最重要的战略资源，则企业员工的内部培训工作也应该成为企业战略的一部分。

A. 生产设备　　B. 人力资源　　C. 地理优势　　D. 资金储备

27. 下列关于培训对象确定原则的说法中错误的是(　　)。

A. 要给最需要的时候选最需要的人进行培训

B. 培训要根据岗位的要求以及在组织中的重要性选择合适的人员

C. 培训既要体现企业的需要，同时也要考虑员工个人的愿望

D. 培训要尽量节省成本

28. 下列不属于现代培训课程开发的基础性原则的是(　　)。

A. 针对性　　B. 滞后性　　C. 复合性　　D. 创新性

29. 在培训计划的实施过程中,难免会遇到来自各方面的干扰,为此,一定要遵循(　　)的原则。

A. 以学员为中心　　B. 调动多方面积极性

C. 计划严肃性与灵活性相结合　　D. 学以致用

30. 职业性的培训课程重在技能结构的系统性和(　　),在技能点的安排上,利于技能发展和职业技能鉴定,利于学员对技能的学习和把握。

A. 有效性　　B. 优先性　　C. 完整性　　D. 灵活性

31. 根据岗位对知识和技能的需要开发课程要贯彻课程开发的复合性原则,就必须对(　　)进行一定程度的分析。

A. 工作时间　　B. 专业岗位　　C. 企业概况　　D. 人员配置

32. (　　)是培训课程的基本要素之一,也是培训课程内容的表现形式。

A. 培训教材　　B. 培训内容　　C. 培训教案　　D. 科学教材

33. 企业培训课程的内容是以(　　)为主体的。

A. 技能训练目标　　B. 理论知识

C. 文化知识　　D. 教师知识水平

34. 了解培训课程内容的目的在于(　　)。

A. 更有针对性地开发培训项目

B. 更有针对性地分析需求

C. 更有针对性地选择或开发教材

D. 更有针对性地制定评估标准

35. 培训教学活动的组织形式主要有直接传授式培训、参与式培训、(　　)培训。

A. 讲授式　　B. 模拟式　　C. 体验式　　D. 角色扮演式

36. (　　)既不同于普通的学历教育,也不同于社会培训,它必须围绕企业对人力资源提出的要求进行个性化的培训。

A. 培训　　B. 企业培训　　C. 学校培训　　D. 学校

37. 以能力(技能)为中心,选择课程内容的方法有(　　)。

A. 选择移植法　　B. 整体移植法　　C. 能力中心法　　D. 任务分析法

38. 在对企业培训的培训方法分类中，头脑风暴法属于(　　)。

A. 与创造性培训相适应的培训方法

B. 与解决问题能力的培训相适应的培训方法

C. 与技能培训相适应的培训方法

D. 基本能力的开发方法

39. (　　)适用于管理人员或技术人员了解专业技术发展方向或当前热点问题等方面知识的传授。

A. 研讨法　　B. 专题讲座法

C. 讲授法　　D. 工作指导法

40. 为了给有发展前途的中层管理人员提供分析全公司范围内经验和问题的培训方法是(　　)。

A. 特别任务法　　B. 个别指导法

C. 工作轮换法　　D. 工作指导法

41. (　　)是企业培训中最古老也是应用最广泛的方法。

A. 互动教学法　　B. 讲授法

C. 案例法　　D. 角色扮演法

42. 影视法培训是运用(　　)等手段对职工进行的培训。

A. 参观、访问、演讲　　B. 电影、电视、投影

C. 演讲、讲座、材料　　D. 会议、讨论、演讲

43. 审定培训课程内容开发方案中的适用性是指课程对于学员的(　　)。

A. 客观性与可操作性　　B. 系统性与科学性

C. 主观性与原则性　　D. 针对性、指向性与可接受性

44. (　　)属于培训教材开发基础性工作的内容。

A. 教材策划工作　　B. 培训需求调查工作

C. 教材编写工作　　D. 教材管理工作

45. 下列关于培训需求的说法中错误的是(　　)。

A. 培训需求反映的是企业要求具备的理想状态和现实状态之间的差距

B. 培训需求就是判断是否需要培训以及培训内容的一种活动或过程

C. 培训需求分析的基本目标就是确认差距

D. 培训需求分析主要从组织的角度出发

46. 培训需求分析的基本目标就是(　　)。

A. 确认培训对象

B. 确认培训内容

C. 确认培训方式

D. 确认应有状况同现实状况之间的差距

47. 培训课程开发流程主要有:(　　)—课程总目标设置—课程框架设计—课程内容选择与组织—课程实施方式优选—课程评价与反馈。

A. 培训内容分析　　B. 培训需求分析

C. 培训人员分析　　D. 企业内部分析

48. 搜集相关信息是培训课程开发基础工作的(　　)。

A. 研究环节　　B. 核心环节　　C. 次要环节　　D. 最终环节

49. 培训课程开发的基础性工作是指(　　)。

A. 课程开发的前期准备

B. 课程开发的准备工作

C. 课程开发的筹备工作

D. 课程开发的前期以及中期、后期服务性工作的总和

50. (　　)不是企业最需要培训的人选。

A. 员工不能胜任岗位,必须要补充单项技能的人

B. 为了大力拓展市场进行技能培训的销售人员

C. 因组织发展需要而要提拔和晋升的人

D. 因组织发展需要而要进行培养的后备干部

51. (　　)必须以企业的发展战略为基础,满足企业实际生产经营的需要。

A. 企业内部培训课程的开发　　B. 企业外部培训课程的开发

C. 企业内部培训教材的开发　　D. 企业外部培训教材的开发

52. 常用的信息整理的方法有(　　)

A. 鉴别法　　B. 选择法　　C. 核实法　　D. 调查法

53. 下列关于培训教材与培训课程关系的表述中正确的是(　　)。

A. 培训教材是培训课程内容和形式的具体化

B. 培训教材是培训课程的基础

C. 培训教材是培训课程的文字表达

D. 培训教材是根据培训课程改编的

54. 下列关于培训制度的说法中错误的是(　　)。

A. 入职培训制度体现了“先培训、后上岗,先培训、后任职”的原则

B. 培训风险管理制度是培训管理的首要制度

C. 制定培训奖惩制度时,一定要明确培训可能出现的各种优劣结果的奖惩标准

D. 设立培训评估制度既可以检验培训效果,也可以规范培训相关人员的重要途径

55. 做好培训课程开发的基础性工作需要注意(　　)。

A. 与培训教学相一致　　B. 与培训安排相一致

C. 与培训教材相一致　　D. 与课程目标相一致

56. (　　)在整个教学活动中处于核心的地位,是职业教育与培训的“心脏”。

A. 教材　　B. 岗位分析　　C. 工作分析　　D. 课程

57. 为课程开发所进行的人员准备、搜集相关信息、制订相关的工作计划等属于(　　)。

A. 培训课程开发的收尾性工作　　B. 培训课程开发的基础性工作

C. 培训课程开发的重要性工作　　D. 培训课程开发的中间性工作

58. 关于职业培训课程的特征的表述,不正确的是(　　)。

A. 课程目标对社会劳动力需求的直接性

B. 课程设计中的技能训练有一定比例界定

C. 理论知识服从于技能要求,不强调系统性

D. 注意经济性和政治性

59. 职业培训教材的内容更加突出职业活动和岗位工作的技能目标要求,强调理论知识为(　　)服务。

A. 人的发展　　B. 技能培养　　C. 专业建设　　D. 素质教育

60. 职业培训课程的评价主要采用(　　)。

A. 背景评价　　B. 输入评价　　C. 过程评价　　D. 成果评价

61. (　　)是现代培训的重要任务。

A. 培养创新人才　　B. 开发先进设备

C. 加大企业投入　　D. 提高群众意识

62. 搜集培训课程开发相关信息的渠道之一是(　　)。

A. 参考培训总结　　B. 整理教学档案

C. 进行班级管理研究　　D. 深入企业生产第一线

63. 进行信息搜集时,要注意:一是信息搜集要尽量全面;二是信息搜集要准确;三是(　　)。

A. 信息的整理要清楚　　B. 信息搜集要广泛

C. 信息搜集要客观　　D. 信息搜集要完善

64. 下列为搜集培训课程开发相关信息渠道的是(　　)。

A. 分析研究企业发展规划　　B. 整理教学档案

C. 进行班级管理研究　　D. 参考培训总结

65. 常用的课程开发信息整理的方法有鉴别法、选择法、(　　)、分析法、编写法。

A. 观察法　　B. 问卷法　　C. 核实法　　D. 交换法

66. (　　)可以完善培训项目的构想,匡正培训项目的偏颇之处,在多次反复中,使培训项目更臻成熟和完善。

A. 课程开发实践　　B. 教材开发实践

C. 工作分析　　D. 岗位分析

67. 每个培训项目都有自己的特色或亮点。培训项目的特色或亮点靠(　　)来展现。

A. 教材开发　　B. 课程开发　　C. 工作分析　　D. 岗位分析

68. 下列不属于常用的培训课程开发信息的处理方法的是(　　)。

A. 观察法　　B. 问卷法　　C. 检索法　　D. 科研法

69. 教育培训培养人才具有(　　)的特点,要比课程开发具有超前性。

A. 前瞻性　　B. 多元性　　C. 实践性　　D. 周期性

二、多选题

70. 下列关于课程的表述中正确的是(　　)。

A. 当代课程的概念具有专一性特点

B. 有以学科教学为核心的学科课程

C. 有以学生的某种活动为中心的活动课程

D. 有隐性课程

E. 课程是一个发展的概念

71. 广义的培训课程是指(　　)的总和。

A. 为实现培训目的所选择的培训内容

B. 为实现某一职业科目的培训教学内容

C. 为实现培训目标所选择的培训内容

D. 为实现某项培训活动的培训教学内容

E. 为实现培训设计所选择的培训内容

72. 拓展训练的课程内容主要有(　　)。

A. 拓展体验课程　　B. 回归自然课程

C. 挑战自我课程　　D. 领导才能课程

E. 团队建设课程

73. 培训课程的结构设计要考虑到合理性,一般由(　　)组成。

A. 开头　　B. 介绍　　C. 正式授课　　D. 结尾

E. 主要内容

74. 培训课程开发的特征包括(　　)。

A. 以知识体系为框架的特征　　B. 以能力教学为核心的特征

C. 以操作目标体系为框架的特征　　D. 以动态化和灵活性为特征

E. 以满足共性与个性同步发展为主体的特征

75. 与一般教育相比,职业培训教学具有的特点是(　　)。

A. 培训目标具有针对性

B. 教学侧重于实践性,突出技能训练

C. 教学形式灵活多样

D. 紧密结合生产经营需要,以提高企业效益为目的

E. 内容更完整

76. 助理企业培训师主要是从(　　)方面提高对培训课程开发重要性认识的。

A. 以培训课程教学大纲为依据

B. 积极参与培训项目实施计划的实施活动

C. 用对比方法看课程开发的重要性

D. 以培训素材基础台账为依据

E. 主动参与培训项目实施计划具体内容的细化工作

77. 确定培训课程开发速效性原则的依据有(　　)。

A. 已有的学习基础　　B. 精讲的课程内容

C. 社会发展的变数　　D. 不断改进的方法

E. 职业岗位的需求

78. 课程开发的基本原则有(　　)。

A. 学科性原则　　B. 单一性原则

C. 超前性原则　　D. 灵活性原则

E. 技能性原则

79. (　　)是贯彻培训课程开发的创新性原则。

A. 不断超越,追求卓越

B. 越新越好的东西越好

C. 解放思想,认识创新的重要性

D. 大胆改革,开设培养创新人才的课程

E. 突破传统,课程内容要重视人才个性的发展

80. 目前,在培训中应用的多媒体设备的类型有(　　)。

A. 视觉媒介和听觉媒介　　B. 触觉媒介

C. 广播媒介　　D. 图书媒介

E. 操作模拟及远程培训媒介

81. 参与式培训的主要特征有(　　)。

A. 每个培训对象都要认真观察

B. 从亲身参与中获得正确的行为方式

C. 从亲身参与中获得知识、技能

D. 每个培训对象积极主动参与培训活动

E. 在观察中获得知识、技能和正确的行为方式

82. 企业培训教学作为教学的一种类型,除了可借鉴一般教学组织形式外,更重要的是要立足企业培训与生产实际相结合的特点,建立企业自身特有

的教学模式，一般有(　　)。

A. 现场教学制　　B. 师徒帮带制

C. 灵活教学制　　D. 校企合作制

E. 岗位轮训制

83. 下列关于培训教材与培训课程关系的表述中正确的有(　　)。

A. 培训教材是培训课程的部分

B. 培训教材是培训课程内容的表现形式

C. 培训教材是培训课程的基础

D. 培训教材是培训课程内容和形式的具体化

E. 培训教材是依据培训课程的教学目标和教学内容设计、开发的

84. 对培训课程开发基础性工作的要求包括(　　)。

A. 与培训目标相一致　　B. 与培训计划相一致

C. 与课程目标相一致　　D. 与培训教学相一致

E. 与培训总监相一致

85. 多媒体是多种信息的表达形式，也是多种信息类型的综合，它包含(　　)。

A. 文字信息　　B. 图形信息

C. 图像信息　　D. 声音信息

E. 存储信息

86. 在教学中，多媒体技术的作用为(　　)。

A. 丰富课程内容，使培训的表现形式多样化

B. 使培训过程生动化，极大地提高了学习效果

C. 便于知识管理与共享

D. 增强学习的能动性

E. 学生喜欢

三、判断题

(　　)87. 课程开发可以支配培训项目。

(　　)88. 狭义的培训课程是指为实现培训目标所选择的培训内容的总和。

(　　)89. 培训课程因素同学科性课程因素一样，包括教师和学员。

(　　)90. 培训课程开发目标能否做到同培训项目的目的一致是培训课程开发的关键。

(　　)91. 培训课程决定培训项目的开发方向。

(　　)92. 培训项目是课程开发的主要核心内容。

(　　)93. 多媒体教学法教材编辑费工费时费力,难度较大,应该谨慎选用。

(　　)94. 确定课程内容的能力中心法是指企业培训继续教育工程,需要开设具备企业特殊性的实用性比较强的课程。

(　　)95. 传统理念下课程开发的流程,其教学方案的目标主体是具体的人。

(　　)96. 一项培训能否成功,起决定性作用的是培训课程是否有效。

培训教材开发试题

一、单选题

1. 教材是教学内容的表现形式,是根据教学目的和教学内容精心开发的。以下对培训教材的表述全面的一项是(　　)。

A. 培训教材是文字性教材

B. 培训教材是指一切用于教学的材料

C. 教学材料

D. 多媒体教材

2. 培训教材是依据培训课程的教学目标和教学内容设计、开发的,是培训课程(　　)的具体化。

A. 设计和内容　　B. 设计和计划

C. 内容和形式　　D. 计划和内容

3. 教科书并不是教材的全部,而只是教材这个概念中的一部分内容。以下(　　)不属于教材。

A. 模型　　B. 多媒体教材

C. 教案　　D. 教学资料

4. (　　)是培训课程的基本要素之一,也是培训课程内容的表现形式。

A. 培训教材　　B. 培训内容

C. 培训教案　　D. 科学教材

5. (　　)包括教科书以及与教材内容相关的各类资料、实物等。

A. 教学资料　　B. 教材

C. 课本　　D. 教学

6. 职业培训教材是为(　　)而编写的,供教师教学和学员学习时使用的材料总和。

A. 使用有价值　　B. 统一标准

C. 实现职业培训目标　　D. 教学

7. 职业培训教材的内容更加突出职业活动和岗位工作的技能目标要求,强调理论知识为(　　)服务。

A. 人的发展　　B. 技能培养

C. 专业建设　　D. 素质教育

8. 多媒体教学课件设计是运用系统方法分析教学问题和教学目标,建立解决问题的策略方案的过程,它以(　　)为目的,以学习理论、教育理论和传播学为理论基础。

A. 优化教学效果　　B. 突出技能展示

C. 展示知识的体系　　D. 学员激励

9. 职业培训教材的特点为(　　)。

A. 使用有价值　　B. 统一标准

C. 直观性　　D. 教学

10. 一般来说,职业培训课程由5个要素构成,即:对学员和环境的假定所组成的课程框架、宗旨和目标、(　　)、执行的模式和课程评价。

A. 内容及其选择范围和顺序　　B. 课程的内容和选择范围

C. 课程的内容和基本要求　　D. 选择的范围和依据

11. 职业培训的特点是为劳动就业服务的即时性、突出技能训练的操作性、(　　)的直接性、隶属于劳动工作的专业性、侧重职业资格证书的非学历性。

A. 强调知识传授　　B. 同生产岗位相结合

C. 解决劳动力市场需求　　　　D. 强调基础教育

12. 下列关于培训教材与培训课程关系的表述中正确的是(　　)。

A. 培训教材是培训课程内容和形式的具体化

B. 培训教材是培训课程的基础

C. 培训教材是培训课程的文字表达

D. 培训教材是根据培训课程改编的

13. 视觉媒体教材的内容形式有书籍、(　　)等。

A. 录音　　　　B. 文字材料、照片

C. 唱片　　　　D. 模型、实物、广播实景

14. 编辑讲授法教材时,要注意篇章布局,体现系统结构与层次结构的合理性,正确反映教学内容的(　　)。

A. 内在逻辑关系　　　　B. 针对性

C. 创新性　　　　D. 时代性

15. 计算机多媒体教材是指将多媒体技术应用到(　　)上的一种应用软件。

A. 远程教学　　　　B. 计算机辅助教学

C. 网络教学　　　　D. 教学自动化

16. 计算机多媒体教材按其表达形式可分为讲课型、(　　)、主动教学型和综合型。

A. 实验型　　　　B. 互动型

C. 示范演示型　　　　D. 操作型

17. (　　)要坚持针对性与实用性原则、创新性与新颖性原则、系统性与科学性原则、反映最新科技成果原则。

A. 培训项目开发　　　　B. 培训课程开发

C. 编辑培训教材　　　　D. 教材开发

18. 培训教材开发与组织工作应遵循的原则是统筹计划原则,人员落实、任务落实、经费及保障条件落实原则和(　　)原则。

A. 组织机构落实　　　　B. 参编人员落实

C. 协调配合　　　　D. 统稿人员落实

19. 在培训教学系统设计中,教材要精心选择并能够体现教学目的,做到内容丰富,具有针对性、实用性,更应注意要具有较强的(　　)。

A. 艺术性　B. 互动性　C. 操作性　D. 政治性

20. 培训教材开发的根本要求是与时俱进、不断发展、(　　)。

A. 内容系统化　B. 适应变化　C. 不断出新　D. 通俗易懂

21. 培训教材开发的(　　)和培训需求情况的调查分析是教材开发的前提和基础。

A. 咨询指导　B. 文字校对　C. 统稿审核　D. 信息搜集

22. 教材开发的基本方法是(　　)。

A. 自编自制教材　B. 学员提供

C. 拼接法　D. 移花接木法

23. 职业培训教材开发工作的基本方法之一是(　　)。

A. 搜集信息资料

B. 积极调研,开发具有实用价值的教材

C. 使用多媒体,开发电教能用的教材

D. 积极参与职业教材的开发实践活动,广泛搜集、积累素材

24. 培训教材开发信息整理常用的方法之一是(　　)。

A. 鉴别法　B. 推理法　C. 问询法　D. 观察法

25. 培训教材开发信息搜集常用的方法是(　　)。

A. 分析法　B. 编写法　C. 检索法　D. 鉴别法

26. 常用的课程开发信息整理的方法有鉴别法、选择法、(　　)、分析法、编写法。

A. 观察法　B. 问卷法　C. 核实法　D. 交换法

27. (　　)的基本含义就是寻找、发现、挖掘、选择。

A. 项目开发　B. 开发　C. 课程开发　D. 教材开发

28. 教材开发设计的内容包括搜集教育培训素材、设计(　　)、设计开发相应传输形式的教材。

A. 教材大纲　B. 信息存储和输出形式

C. 培训需求内容　D. 内容并归纳整理分类

29. (　　)属于培训教材开发基础性工作的内容。

A. 教材策划工作　B. 培训需求调查工作

C. 教材编写工作　D. 教材管理工作

30. 为更加有针对性地选择或开发教材,首先应了解(　　)。

A. 培训课程需要的时间

B. 培训课程设置的主要目标

C. 培训课程需要的教学组织形式

D. 培训课程内容的范围和顺序

31. 在教材开发的辅助性工作中,要做好各种素材的搜集、归纳、整理工作,应将(　　)的资料作为搜集的重点,以探索出新的职业培训之路。

A. 灵活性强　　B. 实用性、系统性强

C. 协调配合性强　　D. 组织性强

32. 培训教材的架构设计方法是首先分析培训课程、培训对象及目标要求,其次确立教材的层次和结构,然后(　　),最后形成编写方案。

A. 分列篇目提纲,确定篇目中的内容重点

B. 列出教材大纲

C. 选择教材开发的方法

D. 编写具体内容

33. 编写教案常见的3种方法之一是(　　)。

A. 图示法　　B. 图表法　　C. 纲目法　　D. 表格法

34. 编辑培训教材要遵循(　　)。

A. 突出理论性原则　　B. 固定性原则

C. 创新性与新颖性原则　　D. 注重学科体系原则

35. 编写人员应根据课程目标或选题目标,提出(　　)及教材内容提纲。

A. 编写计划　　B. 负责人名单

C. 主编人名单　　D. 考核方案

36. 主管部门负责教材开发的组织工作,确定(　　)、副主编和参编人员。

A. 协办单位　　B. 出版单位

C. 企业领导　　D. 主编

37. 教材开发的主管部门负责筹集教材开发工作经费和(　　)。

A. 教材框架的确定

B. 具体指导、协调、督办整个编写工作

C. 教材的具体编写

D. 对教材开发实施计划进行审定和控制

38. 培训统计的基础工作包括搜集整理原始资料、建立统计台账和(　　)。

A. 制作统计报表　　B. 统计整理

C. 统计调查　　D. 统计分析

39. 培训对象从(　　)中获得知识,这是参与式培训方法的主要待征之一。

A. 固定的教材　　B. 观摩活动

C. 教师讲授　　D. 亲身参与

40. 信息搜集是培训教材开发最基本的基础性工作,有效的信息搜集应坚持(　　)、与培训目标相符的原则、实事求是的原则、系统性原则。

A. 经济适用原则　　B. 理论联系实际原则

C. 多样性原则　　D. 前瞻性原则

41. (　　)是信息搜集工作的终端环节。

A. 收集工作　　B. 整理工作　　C. 分析工作　　D. 调查工作

42. 培训教学系统设计中,教材要精心选择并能够体现教学目的,做到内容丰富,具有针对性、实用性,更应注意要具有较强的(　　)。

A. 艺术性　　B. 互动性　　C. 操作性　　D. 政治性

43. 在进行信息搜集时,要注意:一是信息的搜集要尽量全面;二是信息的搜集要准确;三是(　　)。

A. 信息的整理要清楚　　B. 信息的搜集要广泛

C. 信息的搜集要客观　　D. 信息的搜集要完善

二、多选题

44. 在教学中,多媒体技术的作用有(　　)。

A. 丰富课程内容,使培训的表现形式多样化

B. 使培训过程生动化,极大地提高了学习效果

C. 便于知识管理与共享

D. 增强了学习的能动性

E. 学生喜欢

45. 职业培训与学历教育有着根本的不同,它具有的特点是(　　)。

A. 为劳动就业服务的即时性　　B. 突出技能训练的操作性

C. 侧重职业资格证书的非学历性　D. 隶属于劳动工作的专业性

E. 同生产岗位相结合的直接性

46. 与学科性教学相比,企业培训教学有明显的特点,主要包括(　　)。

A. 教学形式的灵活多样　B. 教学与生产相结合

C. 培养目标的确定性　D. 企业培训师的主体性

E. 教学的生产实践性

47. 教材的分类方法有(　　)。

A. 按教材使用的媒体传输途径

B. 按教材内容

C. 按教师授课选择的形式

D. 按教材科目

E. 按教材来源

48. 培训教材开发组织工作应遵循(　　)。

A. 统筹计划原则　B. "三落实"原则

C. 经费保障原则　D. 协调配合原则

E. 监督落实原则

49. 培训教材开发工作的组织原则中的"三落实"原则指的是(　　)。

A. 人员落实　B. 目标落实

C. 任务落实　D. 经费和保障条件落实

E. 方法落实

50. 为满足职业教育事业,特别是企业培训发展的需要,教材开发的具体要求是(　　)。

A. 与时俱进　B. 适度超前　C. 简单通俗　D. 形式灵活

E. 内容系统

51. 开发一套好的多媒体教材是培训不断努力的方向,其在开发时应注意(　　)。

A. 教育性　B. 科学性　C. 技术性　D. 艺术性

E. 使用性

52. 教案编写是企业培训教学的重要基础工作,教案包括的关键要素和内容有(　　)。

A. 模式设计 B. 导语设计 C. 问题设计 D. 语言设计
E. 结尾设计

53. 教材语言设计的主要要求有(　　)。
A. 准确精练 B. 平淡平和 C. 激发思考 D. 易于理解
E. 寓意深刻

54. 培训教材开发的每个步骤都至关重要,请按顺序选择是(　　)。
A. 启动教材开发项目 B. 审核与修改
C. 组织编写 D. 评价与反馈
E. 制作教材

55. 在组织教材编写中,项目负责人实施管控的重点应该放在(　　)上。
A. 审核教材编写大纲 B. 追踪管理教材编写质量
C. 审核教材编写样章 D. 追踪管理教材编写进度
E. 追踪管理教材编写大纲

56. 培训教材开发的基础性工作主要包括(　　)。
A. 培训课程设置 B. 培训需求的调查工作
C. 相关培训信息的搜集工作 D. 培训课程内容的范围和顺序
E. 其他基础性工作

57. 下列属于培训对象的基本状况的是(　　)。
A. 工作背景 B. 学习风格 C. 工作经历 D. 年龄结构
E. 专业结构

58. 下列属于培训对象的个性特征的是(　　)。
A. 心理动机 B. 思维方式 C. 技能程度 D. 学习特点
E. 学习风格

59. 进行信息搜集时,常用的搜集方法有(　　)。
A. 观察法 B. 问卷法 C. 量表法 D. 询问法
E. 检索法

60. 进行相关信息搜集时,通常采用(　　)来获得。
A. 高层决策 B. 高层着眼 C. 深入一线 D. 同行查询
E. 认真借鉴

三、判断题

(　　)61. 开发职业培训教材时,应当注重知识技能的开发,而不是智力开发,诸如主动性、创造性和独立性的开发不应列入其范畴。

(　　)62. 职业培训一般分为大教材和小教材,大教材是指与相应培训课程体系相对应的教材体系;小教材是指某一门具体课程中所使用的具体教材。

(　　)63. 培训教材特指职业培训教材,它是开展培训的一个基本条件,也是开展职业培训的支柱。

(　　)64. 教材在职业培训过程中具有重要地位和作用,它既是学员学习的资源,也是教师向学员传授知识和技能的依据。

(　　)65. 职业培训教材与学科性教材既有共性的统一,又有个性的差异,具体表现在共性和差异性上。

(　　)66. 个人自助式培训模式教材是指组织挑选富有经验的专家,按照组织实用性原则设计课程结构,用软件技术制成生动新颖的光盘或其他载体形式的教材,加上必要的配套内容和要求说明。

(　　)67. 自助培训模式教材一般有3种表现形式:文本式自助学习教材、多媒体自助教材和模拟仿真教材。

(　　)68. 与时俱进即是抓住劳动力市场供需变化、科技变化、企业变化,开拓新的培训课题,把握好教材的切入点和落脚点。

(　　)69. 所谓形式灵活,是指遵循职业培训活动的特点,突出培训教材的技能操作性特点,确保以技能为主、理论为辅的开发原则。

(　　)70. 教材开发是拓展职教空间领域、发展职教事业必不可少的重要环节。

(　　)71. 在企业培训教材开发项目组中,至少包括教材编写者和教材审定者,编写者和审定者可以是1人,也可以是2人以上的团队,参与人数的多少与教材开发的任务量、时间要求、编审难度及组织形式等均有关。

(　　)72. 编写书稿要求:文字规范化,每字一格,标点符号各占一格,正文为仿宋、四号字体,标题居中,字体为黑体、二号,正文开头空两格,回行顶格书写,章另起一页。

(　　)73. 培训教材开发的工作要有一定的组织机构来完成,这种组织机构一般是固定的。

(　　)74. 分析培训对象是教材开发的前提。

(　　)75. 了解培训对象的基本状况是指了解其工作背景、工作经历、个性特点、年龄结构以及理论知识、技能程度等。

(　　)76. 培训教材开发的信息搜集和培训需求情况的调查分析是教材开发的基础。

培训教学试题

一、单选题

1. 有效课堂教学主要是指培训师在投入一定的时间、精力，通过教学让学员所获得具体的进步和(　　)。

A. 发展　　B. 技能　　C. 目标　　D. 体验

2. (　　)是发展团体成员整体搭配与实现共同目标能力的过程。

A. 个体学习　　B. 团队学习　　C. 整体学习　　D. 部分学习

3. 教学评价关注的是学员在具体的教学情境中主动地(　　)知识，发展自己探究知识的能力和思维技能，以及运用知识解决工作生活中的实际问题的能力。

A. 收获　　B. 复述　　C. 建构　　D. 记忆

4. 有效课堂应该倡导以(　　)为中心，授人以鱼不如授人以渔。

A. 培训师　　B. 领导　　C. 学员　　D. 培训管理者

5. 有效课堂应该倡导以(　　)为导向，授人以鱼不如授人以渔。

A. 培训师　　B. 内容　　C. 学员　　D. 绩效

6. 有效课堂要达到的关键目的是(　　)。

A. 让教学更有目标　　B. 让学员学习更感兴趣

C. 让学员有“饥饿感”　　D. 让教学更有效果

7. 有效课堂教学十大特点不包括(　　)。

A. 善用群体动力学　　B. 团队学习

C. 教学案例　　D. 参与感

8. 培训师唤起学员的注意力,最可行的办法是善用(　　)自身的正能量和主动性。

A. 学员　　B. 团队　　C. 提问　　D. 管理者

9. 培训师在课堂中可以把学员放在一些情境中,开放参与节点,设计互动方式,通过一系列快速的小型活动来调动学员的(　　)。

A. 参与感　　B. 使命感　　C. 幽默感　　D. 仪式感

10. 学员在课堂中有了参与感,才会对培训有(　　)。

A. 认同感　　B. 使命感　　C. 幽默感　　D. 仪式感

11. “温故”是指学员自己重新(　　)学过的内容。

A. 认同　　B. 复习　　C. 练习　　D. 检视

12. 当学员感到自己的经验对整个课堂是有(　　)时,这种荣誉感就会使他们享受到乐趣,同时也能学得更好。

A. 价值　　B. 回报　　C. 目的　　D. 启发

13. 一般成年人可以在(　　)分钟的聆听中保持理解力,但却只能记住其中20分钟的内容。

A. 60　　B. 30　　C. 120　　D. 90

14. 人脑左右脑逻辑和画面特点,交替使用(　　)思维和理性思维,张弛有度,让培训起到最好的效果。

A. 经验　　B. 形象　　C. 语言　　D. 逻辑

15. “台上一分钟,台下十年功”是指有效课堂教学十大特点中的(　　)特点。

A. 以学员为中心　　B. 实践分享

C. 全脑学习　　D. 充分准备

16. 在培训教学的过程中,根据目标安排相应的学习活动。下列不属于学习活动的是(　　)。

A. 练习　　B. 模仿

C. 游戏、结构化的经历　　D. 经费

17. 学员的(　　)是衡量课堂教学有效性的唯一尺度。

A. 体验　　B. 技能　　C. 进步和发展　　D. 目标

18. 示范在培训教学过程中的优点是独特的(　　)。

A. 经费　　B. 知识　　C. 体验　　D. 费时

19. 自学在培训教学过程中的缺点是不易(　　)和缺少外在激励少。

A. 经费　　B. 互动　　C. 知识　　D. 费时

20. 电影及视频在培训教学过程中的优点是生动有趣,缺点是(　　)。

A. 成本高　　B. 互动　　C. 知识　　D. 费时

21. 印刷资料在培训教学过程中的优点是(　　)和可以自由选择学习。

A. 成本高　　B. 互动　　C. 清晰完整　　D. 费时

22. 主动学习主要有8个策略,不包括(　　)。

A. 鼓励生动与聚焦的讨论　　B. 敦促学员发问

C. 让学员相互学习　　D. 演讲

23. “三人行,必有我师”可以理解为主动学习之(　　)策略。

A. 学员相互学习　　B. 团队共创

C. 行动计划　　D. 以经验和实践来强化学习

24. 在诸多的行为主义教学理论中,斯金纳(Skinner)的(　　)教学理论影响最大。

A. 技能　　B. 知识　　C. 程序　　D. 情感

25. (　　)认为学习的基础是学习者内部心理结构的形成和改组,而不是“刺激—反应”连接的形成或行为习惯的加强或改变,教学就是促进学习者内部心理结构的形成或改组。

A. 多元智能　　B. 行为主义　　C. 建构主义　　D. 认知主义

26. 建构主义认为,世界是客观存在的,但是对于世界的理解和赋予的意义却由(　　)自己决定。

A. 个人　　B. 组织　　C. 结构　　D. 程序

27. 学员发展有两种水平:一种是学员的现有水平;另一种是学员可能的发展水平。两者之间的差距就是(　　)发展区。

A. 学习　　B. 目标　　C. 最近　　D. 理想

28. 下列不属于成人学习4个基本原则之一的是(　　)。

A. 在线学习　　B. 经验　　C. 自主　　D. 行动

29. 作为成人,他们想要或因工作任务不得不学习提升知识和技能,这是成人学习的(　　)原则。

A. 自愿　　B. 经验　　C. 有效　　D. 行动

30. 作为成人,在生活和工作中扮演了各种角色,积累了大量有益的知识和经验,并会成为一种资源。这是成人学习的(　　)原则。

A. 经验　　B. 自愿　　C. 有效　　D. 实践

31. 作为成人,学习过程中期望受到尊重和一定的控制权。这是成人学习的(　　)原则。

A. 经验　　B. 自愿　　C. 自主　　D. 实践

32. 作为成人,更愿意学习直接应用的知识,认为这些能帮他们解决现实问题。这是成人学习的(　　)原则。

A. 行动　　B. 自愿　　C. 自主　　D. 实践

33. 知识又分为陈述性知识、(　　)、概念性知识和原则性知识。

A. 流程性知识　　B. 理解性知识

C. 应用性知识　　D. 分析性知识

34. 技能又分为人际技能、动作技能和(　　)。

A. 流程技能　　B. 智慧技能　　C. 应用技能　　D. 分析技能

35. (　　)是指在情感上(如感受、动机和热情)来如何处理事情,是判断是非、轻重、前后的重要依据。

A. 知识　　B. 技能　　C. 态度　　D. 情境

36. 分类教学法KSA是知识、(　　)和态度3个方面的英文简称。

A. 情境　　B. 技能　　C. 理念　　D. 方法

37. 态度类改变的学习活动最好不要安排(　　)。

A. 演讲　　B. 辩论　　C. 全体讨论　　D. 案例研究

38. 五星教学法是通过综合比较研究(　　)种不同的教学过程发展而来的教学理论。

A. 5　　B. 7　　C. 11　　D. 9

39. 通过学员分享经验教训,问题更具有内部普适性,熟悉内部情况,减少与自身的距离感,积极参与。这是指五星教学法五步教学程序中的(　　)。

A. 激活旧知　　B. 聚焦问题　　C. 论证新知　　D. 应用新知

40. 通过回忆原有经验,补救原有经验,清晰知识结构。这是指五星教学法五步教学程序中的(　　)。

A. 激活旧知　　B. 应用新知　　C. 论证新知　　D. 聚焦问题

41. 通过提供正反案例,演示视觉化、直观形象,还原情境,运用混合式教学,让学习有趣又有料。这是指五星教学法五步教学程序中的(　　)。

A. 聚焦问题　　B. 论证新知　　C. 激活旧知　　D. 应用新知

42. 通过组织学员练习、提问、测试、演示、角色扮演等,进一步熟悉和掌握已学的知识要点。这是指五星教学法五步教学程序中的(　　)。

A. 聚焦问题　　B. 论证新知　　C. 激活旧知　　D. 应用新知

43. 五星教学法五步教学程序将具体的教学任务,通过交代学习任务、安排完整任务、形成任务系列、回忆原有经验、提供新的经验等(　　)个环节,在实际情境中循序渐进地完成。

A. 10　　B. 15　　C. 20　　D. 25

44. 本杰明·布鲁姆认为学习从简单到复杂有6个层级,其中不包括(　　)。

A. 记忆　　B. 理解　　C. 应用　　D. 复习

二、多选题

45. 有效课堂教学的十大特点包括(　　)。

A. 善用群体动力学　　B. 团队学习

C. 教学案例　　D. 参与感

46. 在培训教学过程中,根据目标安排相应的学习活动。下列属于学习活动的是(　　)。

A. 头脑风暴　　B. 案例研究　　C. 角色扮演　　D. 示范

47. 坚持采用主动学习法,才能利用课堂提高学员的思维能力、应用能力与创造能力,其学习效果具体体现在(　　)。

A. 能够产生学习兴趣,增强学习信心

B. 便于了解学员学习能力上的优、缺点

C. 使学员自然而然地理解和掌握学习目标的基本原理

D. 培养主动自觉进行学习的能力

48. 主动学习主要有8个策略,包括(　　)。

A. 从一开始就调动学员　　B. 善用人类心智模式

C. 灵活地交互运用科技手段　　D. 做一个令人印象深刻的总结

49. 培训师可以在课程开发与设计的过程中,根据业务需求实际情况,有选择地引入适合的课程设计与开发模式。课程设计与开发模式有(　　)。

A. 系统化教学开发模式

B. 情境教学的设计与开发模式

C. 任务模型的开发模式

D. 业务(问题|任务)的敏捷学习设计模式

50. 组织有效讨论可以运用(　　)等工具,改善讨论的质量,提出有效的问题,让学员容易参与和有准备,深入探讨学习主题。

A. 焦点讨论　　B. 团队共创

C. 行动计划　　D. PDCA

51. 基于行为主义学习心理学,派生出了多种教学模式和方式,其中包括(　　)。

A. 程序教学　　B. 计算机辅助教学

C. 自我教学单元　　D. 个别学习法

52. 行为主义教学策略主要有(　　)。

A. 激励　　B. 提示　　C. 行为模型　　D. 刺激

53. 认知主义教学策略包括(　　)。

A. 阅读　　B. 讨论　　C. 电影　　D. 刺激

54. 认知主义教学策略不包括(　　)。

A. 激励　　B. 提示　　C. 行为模型　　D. 电影

55. 布鲁纳四步教学原则是(　　)。

A. 动机　　B. 强化　　C. 结构　　D. 程序

56. 建构主义更关注如何以原有的经验、心理结构和信念为基础来建构知识,强调学习的(　　),对学习和教学提出了许多新的见解。

A. 被动性　　B. 情境性　　C. 主动性　　D. 社会性

57. 建构主义基本观点包括(　　)。

A. 学员是教学情境中的主角

B. 教学是激发学员建构知识的过程

C. 培训师是学员学习的引导者、辅助者、资料提供者

D. 教学活动体现为合作、探究方式

58. 成人学习的基本原则是(　　)。

A. 自愿　　B. 经验　　C. 自主　　D. 行动

59. 本杰明·布鲁姆认为学习从简单到复杂有6个层级,其中包括(　　)。

A. 记忆　　B. 理解　　C. 应用　　D. 分析

60. 记忆的主要技能包括(　　)。

A. 列举　　B. 重复　　C. 陈述　　D. 记录

61. 理解的主要技能不包括(　　)。

A. 列举　　B. 识别　　C. 翻译　　D. 记录

62. 应用的主要技能不包括(　　)。

A. 使用　　B. 识别　　C. 选择　　D. 记录

63. 分析的主要技能包括(　　)。

A. 分类　　B. 识别　　C. 比较　　D. 使用

64. 综合的主要技能包括(　　)。

A. 组合　　B. 整合　　C. 创造　　D. 使用

65. 五星教学法五步教学程序中包含(　　)。

A. 聚焦问题　　B. 论证新知　　C. 激活旧知　　D. 应用新知

三、判断题

(　　)66. 世界著名培训专家伊莱恩·碧柯提出有效课堂教学十大特点。

(　　)67. 培训师要唤起学员的注意力,最可行的办法是运用培训师自身的正能量和主动性。

(　　)68. 个体学习是发展团体成员整体搭配与实现共同目标的能力的过程。

(　　)69. 学员在课堂中有了参与感,才会对培训有认同感。

(　　)70. “温故”是指学员自己重新检视学过的内容。

(　　)71. 在培训教学的过程中,演讲的优点是快速、高效,容易掌握,缺点是单向传递,很难判断学习是否发生。

(　　)72. 在培训教学的过程中,头脑风暴的优点是容易扩散思维,缺点是省时。

(　　)73. 在培训教学的过程中,实地考察的优点是直观的,局部进行详细的调查,可以与工作人员交流,缺点是省时,可能挑战逻辑。

(　　)74. 在培训教学的过程中,游戏、结构化经历的优点是往往很有趣,学习是演绎不是归纳,缺点是需要提前准备道具,且费时。

(　　)75. 主动学习是通过提供最佳的学习环境,学员通过知识的获得与问题的解决带来愉悦感,激发好奇心、求知欲、自尊心、责任感、学习兴趣和成就感等。

(　　)76. "从一开始就调动学员"可以理解为仅仅是"暖场"。

(　　)77. 激励是行为主义教学策略之一。

(　　)78. 认知主义认为学习的基础是学习者内部心理结构的形成和改组,而不是"刺激—反应"连接的形成或行为习惯的加强或改变,教学就是促进学习者内部心理结构的形成或改组。

培训评估试题

一、单选题

1. 培训评估的目的主要是判断项目是否成功,是否让相关利益方满意,是否帮助学员掌握了知识、技能、态度,是否帮助组织达成了(　　)。

A. 过程　　B. 数量　　C. 目标　　D. 规模

2. (　　)是对培训项目实施过程进行动态的评估,可以是某一点上做出评估,也可以是整个面上进行整体评估。

A. 目标评估　　B. 数量评估　　C. 过程评估　　D. 结果评估

3. (　　)是对培训项目某一阶段结束后进行前后测评的设计,进行严密的数量与质量分析,评价学员学习成果和业务价值之间的关联。

A. 目标评估　　B. 数量评估　　C. 过程评估　　D. 结果评估

4. 利用评估结果,对一个培训项目及其参与者和培训人员的绩效做出判断,进而决定其未来发展,甚至可能改变一个培训项目及其参与者和培训人员的地位。这是培训评估的(　　)作用。

A. 决策　　B. 改进　　C. 推广　　D. 结果

5. 为培训人员或培训参与者提供培训评估结果,从而使培训项目相关参与者明确自己的优势和劣势所在，扬长避短，从需要遵守的程序、职业道德、工作态度和技能等方面不断改进。这是培训评估的(　　)作用。

A. 决策　B. 改进　C. 推广　D. 结果

6. 通过评估，鼓励一个新的组织引进培训项目，寻求高层管理者在资金、人员等方面的更多支持，或是吸引更多学员参与到培训项目当中，不断提升培训为企业创造价值的能力。这是培训评估的(　　)作用。

A. 决策　B. 改进　C. 推广　D. 结果

7. (　　)是决定并保证评估活动正确取向的准则。

A. 目标性原则　B. 实用性原则

C. 连续性原则　D. 客观性原则

8. (　　)是指评估要易于被培训参与者接受，评估所需费用和时间要比较合理，方法要操作简便，要有利于降低成本，评估要注重实效。

A. 目标性原则　B. 实用性原则

C. 连续性原则　D. 客观性原则

9. (　　)是指培训评估是一项长期的、连续的工作，不能满足于一时的热闹，而要着眼长远，让评估真正发挥作用，给予培训管理者、受训者、培训师以持续的动力和压力。

A. 目标性原则　B. 客观性原则

C. 连续性原则　D. 实用性原则

10. (　　)是指评估人员在进行培训评估时要坚持实事求是、客观公正的态度，尽量减小主观因素带来的影响，从而真实地反映出培训的客观效果。

A. 客观性原则　B. 目标性原则

C. 连续性原则　D. 实用性原则

11. 培训效果评估产生于20世纪(　　)，经过不同领域专家的探索得到了的发展。

A. 60年代　B. 50年代　C. 70年代　D. 80年代

12. 柯克帕特里克于1959年提出的培训效果评估模型简称(　　)。

A. 三级评估模型　B. 柯式评估模型

C. 二级评估模型　D. 五级投资回报率(ROI)模型

13. 柯克帕特里克从评估的深度和难度上将培训效果分为(　　)个递进

的层级。

A. 1　　B. 2　　C. 3　　D. 4

14. 通常由一张反应量表组成,关注学员对项目的满意度。这是指柯克帕特里克培训效果的(　　)评估。

A. 结果　　B. 学习　　C. 行为　　D. 反应

15. 学员通过培训学到了哪些知识,提高了哪些技能,改变哪些态度。这是指柯克帕特里克培训效果的(　　)评估。

A. 结果　　B. 学习　　C. 行为　　D. 反应

16. 关注学员在工作中的行为变化。这是指柯克帕特里克培训效果的(　　)评估。

A. 结果　　B. 行为　　C. 学习　　D. 反应

17. 关注学员成功应用项目所学对业务的实际影响。这是指柯克帕特里克培训效果的(　　)评估。

A. 结果　　B. 行为　　C. 学习　　D. 反应

18. 反应评估衡量的方法有(　　)。

A. 满意度问卷　　B. 纸笔测试　　C. 绩效测试　　D. 模拟测试

19. 大多数企业培训部门,虽然已经有了培训评估的意识,但重点仍然是培训实施,对评估投入的资源仍然非常缺乏。这在企业培训评估中存在(　　)问题。

A. 投入不足　　B. 相对片面

C. 方法单一　　D. 缺乏系统记录管理

20. 仅仅对培训项目中所授予的知识和技能进行考核,并没有深入到受训者的工作行为及态度的改变、能力的提高、工作绩效的改善和为企业带来的效益等层次上来。这是企业培训评估中存在的(　　)的问题。

A. 投入不足　　B. 方法单一

C. 相对片面　　D. 缺乏系统记录管理

21. 在如今企业的培训评估中,绝大多数企业仅仅是以考试的形式进行培训项目的评估的。这是企业培训评估中存在的(　　)的问题。

A. 投入不足　　B. 方法单一

C. 相对片面　　D. 缺乏系统记录管理

22. 评估所用的方法、评估的内容、受训者完成情况、测试的结果等记录大多是零散而无序的，并没有建立起一个完善的培训评估信息系统。这是企业培训评估中存在的(　　)的问题。

A. 缺乏系统记录管理　　B. 方法单一

C. 相对片面　　D. 投入不足

23. 学习评估一般采用考试或现场测评的方式，可以参照(　　)提高考题的设计质量。

A. 标准参照型考试(CRT)设计过程

B. 质量管理设计过程

C. 目标管理设计过程

D. 项目管理设计过程

24. 指出本评估方案是用于何种目的的评估，依据本方案进行评估可以达到的预期效果。这是培训评估方案中(　　)的内容。

A. 评估目的　　B. 评估标准集

C. 评估权重集　　D. 量表和评判依据

25. 规定了评估什么、不评估什么，是对评估内容的具体化，直接影响培训工作的价值取向，具有定向作用。这是培训评估方案中(　　)的内容。

A. 评估目的　　B. 评估权重集

C. 评估标准集　　D. 量表和评判依据

26. 权重就是确认评估标准的重要性程度，既表示他们在评估标准中的地位，又表示与其他标准的关系。这是培训评估方案中(　　)的内容。

A. 评估目的　　B. 评估权重集

C. 评估标准集　　D. 量表和评判依据

27. 作为必要的测量尺度和评判依据，是事物质变的临界点，是事物质变过程中量的规定性。这是培训评估方案中(　　)的内容。

A. 评估目的　　B. 评估权重集

C. 评估标准集　　D. 量表和评判依据

28. 根据评估标准和量表的需要，制定各类表格，有助于规范地采集、整理和分析各种信息资料，实现科学测量与评估。表格的设计要本着方便使用的原则，力求简明、规范、统一。这是培训评估方案中(　　)的内容。

A. 评估目的　　B. 评估权重集

C. 评估标准集　　D. 各类表格

二、多选题

29. 培训评估是依据培训的目的和要求,从培训项目中搜集信息和数据,运用一定的评估指标和方法,以判断培训的(　　)的过程。

A. 价值　　B. 数量　　C. 质量　　D. 规模

30. 培训评估可以分为(　　)。

A. 过程评估　　B. 数量评估　　C. 目标评估　　D. 结果评估

31. 企业培训评估是对企业培训工作的绩效衡量过程,做好培训评估主要有(　　)作用。

A. 决策　　B. 改进　　C. 推广　　D. 结果

32. 科学、有效的培训评估需要遵循的基本原则有(　　)。

A. 目标性原则　　B. 实用性原则

C. 连续性原则　　D. 客观性原则

33. 培训效果评估,其中代表性的人物有(　　)。

A. 柯克帕特里克(Kirkpatrick)　　B. 戴维·梅里尔

C. 考夫曼(Kaufman)　　D. 菲力普斯(Phillips)

34. 培训效果评估,其中代表性的成果有(　　)。

A. 三级评估模型　　B. 四级评估模型

C. 二级评估模型　　D. 五级投资回报率(ROI)模型

35. 柯克帕特里克培训效果分的层级包括(　　)。

A. 反应　　B. 学习　　C. 行为　　D. 结果

36. 学习评估衡量的方法有(　　)。

A. 满意度问卷　　B. 纸笔测试　　C. 绩效测试　　D. 模拟测试

37. 行为评估衡量的方法有(　　)等相关利益者绩效评估。

A. 上级　　B. 同事　　C. 客户　　D. 下级

38. 结果评估衡量的方法有(　　)。

A. 事故率　　B. 质量改善

C. 行为改善的事例　　D. 生产效率

39. 在企业培训评估中主要存在(　　)问题。

A. 投入不足　　B. 相对片面

C. 方法单一　　D. 缺乏系统记录管理

40. 培训评估方案包括的内容有(　　)。

A. 评估目的　　B. 评估标准集

C. 评估权重集　　D. 量表和评判依据

三、判断题

(　　)41. 结果评估是对培训项目某一阶段结束后进行前后测评设计，严密的数量与质量分析，评价学员学习成果和业务价值之间的关联。

(　　)42. 只有客观、公正的培训评估，才能推动培训计划的有效开展和组织目标的实现，否则不仅可能让评估流于形式，而且还会影响培训师和员工的积极性。

(　　)43. 一级评估过程中要确保培训是为了培训师，而不是学员。

培训质量管理试题

一、单选题

1. 培训质量管理工作是通过对(　　)的控制，保证培训质量的所有活动。

A. 工作氛围　　B. 培训过程　　C. 工作效率　　D. 培训目标

2. 培训质量管理方针的内容是以(　　)和解决实际问题为最高质量方针。

A. 提高效益　　B. 明确控制主体和责任者

C. 满足需求　　D. 明确控制程序和手段

3. (　　)是培训质量管理的目的、要求和质量管理行动指南。

A. 培训质量管理方针　　B. 组织的发展规划

C. 年度培训计划　　D. 组织的培训制度

4. 培训质量管理的作用不包括(　　)。

A. 明确方向　　B. 落实责任

C. 促进监督　　D. 提高自觉性

5. 培训质量永恒的主题是(　　)。

A. 质量第一　　B. 落实责任

C. 持续改进　　D. 优化资源

6. 培训质量持续改进的活动不包括(　　)。

A. 确定、测量和分析现状　　B. 建立一个质量体系

C. 建立改进目标　　D. 测量、验证和分析实施效果

7. 培训质量管理的基本要求不包括(　　)。

A. 灵活性强　　B. 实用性、系统性强

C. 协调配合性强　　D. 组织性强

8. 表现培训质量管理内涵的是(　　)。

A. 培训质量标准必须包括对企业培训需求的满足程度,必须建立在全面的管理控制体系的基础上

B. 在质量体系中运行、实施的全部管理职能的所有活动

C. 围绕企业对个性化的培训提出的要求

D. 在培训过程中,培训质量管理要确定质量方针、目标和职责

9. 培训质量管理的基本原则不包括(　　)。

A. 以顾客为关注焦点　　B. 领导作用

C. 保障到位　　D. 管理的系统方法

10. 有效培训质量控制的要求不包括(　　)。

A. 确定合理的培训质量目标

B. 建立独立的培训质量管理机制

C. 实施规范的培训质量控制程序

D. 设计有效的培训质量控制机构

11. 有效控制培训质量的管理方法是(　　)。

A. 建立以“PDCA”循环为核心的培训质量管理工作程序

B. 监视培训项目的每个环节

C. 有效落实培训责任

D. 实行全过程的控制

12. ISO10015标准的培训过程分为(　　)个环节。

A. 3　　B. 4　　C. 5　　D. 8

13. ISO10015标准不具有(　　)等特点。

A. 强调培训过程的规范性　　B. 强调培训过程的有效性

C. 强调培训过程的持续改进　　D. 强调培训结果的强制性

14. 全面培训质量管理的特点不包括(　　)。

A. 全部的资源配置　　B. 全面的内容与方法

C. 全过程的控制　　D. 全员参与

15. PDCA管理循环的计划环节不包括(　　)。

A. 分析现状　　B. 寻找原因　　C. 主要原因　　D. 信息采集

16. 培训质量戴明循环的特点是(　　)。

A. 简单重复　　B. 阶梯式上升

C. 间断进行　　D. 见好就收

17. 质量评估不到位不包括(　　)。

A. 经费投入不足　　B. 评估人员缺乏

C. 结果反馈不全面　　D. 评估流程不全面

18. 培训评估是进行培训质量管理的重要环节之一,是(　　)的重要手段,能为改进培训质量管理工作提供必需的和可靠的依据。

A. 检验企业发展　　B. 检验培训效果

C. 改进培训设计　　D. 推动企业发展

19. 强化培训质量文化不包括(　　)。

A. 加大宣传力度　　B. 提倡换位思考

C. 强化“顾客”理念　　D. 提高专业能力

20. 如果你是公司的一名培训师,发现培训采用的教材中某个方法有错误后,你会(　　)。

A. 在课程中用到的每本教材上改正

B. 有侥幸心理

C. 故意在课堂上不讲解该方法

D. 通知培训部门处罚教材编写人员

21. (　　)是培训质量管理的“第一责任人”。

A. 项目负责人　　B. 培训主管部门

C. 培训专员　　D. 班主任

22. 在培训质量控制方法中,(　　)不属于老7种手段。

A. 查核表　　B. 关联图　　C. 直方图　　D. 因果图

23. 培训质量控制的七点运行法则中不必关注以下可能出现的连续7个点(　　)。

A. 都在平均值的上面　　B. 都在平均值的下面

C. 交替上升下降　　D. 都在上升

24. 散点图可以发现统计量x和y有几种情形,其中不包括(　　)。

A. 强正相关　　B. 弱正相关　　C. 因果关系　　D. 弱负相关

25. 培训质量管理报告的总体原则不包括(　　)。

A. 严格遵循戴明循环的程序　　B. 工具运用多种多样

C. 文字简洁,以图表为主　　D. 数据准确、判断科学

26. 在培训质量管理报告的小组简介中,写作要点不包括(　　)。

A. 注册日期要准确到年、月、日

B. 活动周期应包括PDCA的主要过程

C. 出勤率应大于80%

D. 平均接受全面质量控制教育时间超过15小时

27. 在培训质量管理报告的目标设定中,写作要点不包括(　　)。

A. 目标要与课题名称相对应

B. 目标要定量化

C. 目标可以设定多个

D. 必须说明目标值设定的水平和依据

28. 在培训质量管理报告中,分析原因时不必(　　)。

A. 以先进的理论为指导　　B. 要展示问题的全貌

C. 要彻底　　D. 正确、恰当地应用统计方法

29. 在培训质量管理报告中,确定主要原因的主要步骤不包括(　　)。

A. 彻底分析原因

B. 把末端因素搜集起来

C. 剔除末端因素中不可抗拒的因素

D. 对末端因素逐条确认

30. 在培训质量管理报告中,总结的要点不包括(　　)方面。

A. 专业技术　　B. 管理技术

C. 小组成员的综合素质　　D. 小组成员的晋升情况

二、多选题

31. 培训质量的特征包括(　　)等方面。

A. 时间上　　B. 心理上　　C. 伦理上　　D. 地理上

E. 效用上

32. 培训对象能够感知的质量影响因素,主要分为(　　)等方面。

A. 经常性因素　　B. 可能性因素

C. 个人性因素　　D. 偶然性因素

E. 集体性因素

33. 培训质量目标应包括的要素是(　　)。

A. 培训对象对培训过程的满意度

B. 培训对象的学习能力

C. 培训对象对培训内容、教材的理解和掌握程度

D. 培训对象培训后的合格率

E. 培训专员的工作能力

34. 培训质量管理的作用包括(　　)。

A. 明确方向　　B. 落实责任　　C. 保障到位　　D. 整合资源

E. 促进监督

35. 有效培训质量控制的特征包括(　　)。

A. 易理解性　　B. 必然性　　C. 客观性　　D. 指示性

E. 合理性

36. 有效培训质量控制的客观性特征包括(　　)。

A. 尽力采用客观的计量方法评定绩效

B. 管理者要从组织目标的角度来观察质量问题

C. 控制标准应当由第三方制定

D. 质量控制系统也应力求客观、精确

E. 控制效果应当由领导评价

37. 有效培训质量控制的要求包括(　　)。

A. 确定合理的培训质量目标

B. 建立科学的培训质量控制标准

C. 实施规范的培训质量控制程序

D. 建立独立的培训质量管理机制

E. 采用培训质量目标管理方式

38. 全面培训质量管理的特点包括(　　)。

A. 全部的资源配置　　B. 全面的内容与方法

C. 全过程的控制　　D. 全面的培训信息采集

E. 全员参与

39. 全面质量管理活动的全部过程就是(　　),这个过程就是按照PDCA循环不停顿地周而复始地运转。

A. 落实培训责任　　B. 制订质量计划

C. 检查和处理　　D. 培训评估组织实现的过程

E. 推行质量文化

40. ISO10015标准的分析和确定培训需求包括(　　)环节。

A. 确定各岗位的能力和职责要求

B. 分析能力差距

C. 研究培训对象的学习特征

D. 将确定的培训需求形成文件资料

E. 分析培训方式是否可以弥补“能力差距”通过

41. ISO10015标准主要有(　　)等特点。

A. 强调培训过程的规范性　　B. 强调培训过程的有效性

C. 强调培训过程的持续改进　　D. 强调培训结果的强制性

E. 具有广泛的适用性

42. 培训人员素质不高,体现在(　　)等方面。

A. 培训师资　　B. 培训管理者

C. 培训对象　　D. 培训咨询方

E. 培训评估方

43. 从培训质量管理流程的观点来看,决定培训质量的关键环节为(　　)环节。

A. 经费申请　　B. 培训计划的制订

C. 课程开发　　D. 教学组织管理

E. 培训师的选择

44. 在培训质量管理中,强化“顾客”理念,强调的是(　　)等方面。

A. 超越顾客期望　　B. 下一道工序是顾客

C. 以顾客满意度为导向　　D. 积极的内部服务

E. 顾客关系管理

45. 企业培训的最高管理者在质量管理方面应做好(　　)。

A. 确定质量方针

B. 确定各岗位的职责和权限

C. 配备资源

D. 指定一名代表负责管理质量体系

E. 负责管理评审

46. 为保证培训质量,在需求分析过程中,重点要关注(　　)。

A. 企业高管的支持度

B. 培训内容与企业发展战略的契合度

C. 培训内容与岗位需求的贴合度

D. 培训内容的调整对职工能力具体要求的吻合度

E. 职工个人的发展需求在培训中的体现度

47. 培训质量评估应重点做好(　　)。

A. 提高质量效益评估意识　　B. 评估结果与晋升挂钩

C. 培训内容满足岗位需求　　D. 推进培训质量绩效评估制度化

E. 以职工个人的发展需求为核心

48. 培训质量管理工作方案的具体关键点是培训前有(　　)。

A. 新项目报批　　B. 新教材报批

C. 新课程报批　　D. 办班立项申请

E. 培训师资登记

49. 培训质量管理工作方案的具体关键点是培训中有(　　)。

A. 项目监控　　B. 学员自我测评

C. 培训班管理　　D. 培训保障

E. 培训对象核实

50. 培训质量管理工作方案的具体关键点是培训后有(　　)。

A. 学员档案更新　　B. 培训评估

C. 培训考试　　D. 培训项目总结

E. 培训对象奖励

51. 教学环节的质量管理的重点内容是(　　)。

A. 编制科学的教学实施计划　　B. 采用先进的科学设备

C. 培训教学管理人员和培训师　　D. 培训资源的整合与利用

E. 监控培训运行过程的各环节

52. 在培训质量管理工作方案中,应当包括的模块是(　　)。

A. 培训质量管理的方法　　B. 培训质量管理的标准

C. 培训质量管理的步骤　　D. 培训质量管理的内容及工具

E. 培训质量管理的宣传

53. 制作因果图时,注意(　　)。

A. 用于对单一培训质量问题的分析

B. 经确认的要因用特殊符号加以标识

C. 形成逐次递进的逻辑因果关系

D. 要分析到能够采取措施为止

E. 各大因素的名称应具体

54. 培训质量管理报告的课题来源主要有(　　)。

A. 指令性课题　　B. 指导性课题

C. 小组自选课题　　D. 研究性课题

E. 实践性课题

55. 在培训质量管理报告的现状调查中,写作要点有(　　)。

A. 用数据说明问题的现状

B. 恰当地选择、运用“工具”

C. 对所搜集的数据进行整理、分析

D. 充分体现研究水平

E. 突出实践性

56. 在培训质量管理报告中,制定对策的主要步骤是(　　)。

A. 提出对策　　B. 评价所采取的对策

C. 选择、确定所采取的对策　　　　D. 领导批准对策

E. 制订对策计划

57. 在培训质量管理报告中,检查效果时应当做到(　　)。

A. 与小组制定的目标进行比较　　　B. 与对策实施前的现状进行对比

C. 计算经济效益和社会效益　　　　D. 提高小组成员的积极性

E. 提升企业培训管理水平

58. 在培训质量管理报告中,制定巩固措施的要点包括(　　)

A. 把对策表中通过实施已证明有效的措施纳入有关标准

B. 标准报有关主管部门批准后执行

C. 新的标准制度必须正确执行

D. 在巩固期内确认效果是否维持在良好的水平

E. 根据实际需要确定巩固期的长短

三、判断题

(　　)59. 培训质量可以定义为:由培训提供的知识产品或知识服务所具备的、满足培训对象明确需求能力的特征和特性的总和。

(　　)60. 培训应当满足培训对象的要求并争取超越其期望。

(　　)61. 培训质量控制不包括培训实施过程的质量控制。

(　　)62. 有关培训质量控制标准的描述,应该尽可能用简单的语言来表达。

(　　)63. 培训质量应该是"最经济的水平"与"充分满足顾客要求"的完美结合。

(　　)64. 全面培训质量管理的内涵要求是顾客满意即可,不必兼顾社会受益。

(　　)65. 在PDCA管理循环的处理环节上发现的遗留问题应当转入下期。

(　　)66. ISO10015是ISO颁布的有关培训的第一个,也是唯一一个国际标准指南。

(　　)67. ISO10015国际标准只适用于某些类型的组织。

(　　)68. 培训质量管理体系只需有国家的质量标准作支撑。

(　　)69. 培训质量控制的分层可以将错综复杂的影响质量的因素分析得更清楚。

(　　)70. 在帕累托排列图中，当累计百分比在80%～90%时，将在此之前的因素称之为A类，为引起超过80%质量问题的主要影响因素。

(　　)71. 由于查核表简单、笨拙，所以效果一般。

现代教育培训技术应用试题

一、单选题

1. 一般培训机构的标准多媒体配置是(　　)。

A. 电子白板＋短焦投影＋计算机

B. 平板电脑(以ipad为例)＋多媒体呈现设备

C. 投影仪＋大幕布＋计算机

D. 电子白板＋短焦投影＋培训学员机

2. 在常见的多媒体配置中，电子白板＋短焦投影＋计算机＋培训学员机的缺点在于(　　)。

A. 让培训师的双手获得解放

B. 培训学员的关注点增多

C. 实现师生互动答题环节

D. 可以将整个教学过程(包括操作过程)呈现给培训学员

3. E-Learning的内涵不包括(　　)。

A. 课堂教学革命的手段

B. 与员工进行知识共享的企业管理解决方案

C. 创新的教学培训沟通方式

D. 虚拟网络学习培训方式

4. 被称为“MOOC元年”的是(　　)。

A. 2011年　　B. 2012年　　C. 2013年　　D. 2014年

5. 针对学员的特征进行微课程内容设计，注意事项不包括(　　)。

A. 降低制作成本　　B. 分析员工的学习风格

C. 提炼微课程的教学内容　　D. 设定相应的学习方式

6. 微课程视频的形式不包括(　　)。

A. PPT形式　　B. 微电影形式
C. 情景剧形式　　D. 手写板或电子屏形式

7. 本地影像视频格式不包括(　　)。

A. MPG　　B. AVI　　C. MOV　　D. ASF

二、多选题

8. 多媒体的特点是(　　)。

A. 趣味性　　B. 集成性　　C. 交互性　　D. 实时性
E. 虚拟性

9. 多媒体的作用是(　　)。

A. 提高学习的积极性　　B. 提高学习效率
C. 提高学习的满意度　　D. 提升教学的效果
E. 提高学员的参与度

10. E-Learning的主要特征包括(　　)。

A. 通过互联网进行教育及相关服务
B. 能完全代替传统的课堂教学
C. 改变教师的作用和师生之间的关系
D. 提高学生批判性思维和分析能力
E. 改变课堂教学的目的和功能

11. E-Learning的特点包括(　　)等方面。

A. 低成本　　B. 高质量　　C. 高效性　　D. 个性化
E. 可跟踪量化

12. E-Learning可跟踪量化体现在(　　)等方面。

A. 系统地掌握E-Learning培训效果
B. 了解每个员工的学习状况
C. 采集和处理全方位的教学数据
D. 为培训效果提供真实、有效的科学凭据
E. 为后期员工的升值加薪提供依据

13. 慕课的优势是(　　)。

A. 高度的开放性　　B. 成熟的教学模式
C. 优质的内容　　D. 便捷的交互

E. 扩展便利

14. 慕课的基本功能包括(　　)等。

A. 学习功能　　B. 评价功能　　C. 笔记功能　　D. 互动功能

E. 课程认证功能

15. 慕课的评价功能包括(　　)等类型。

A. 培训师对作业的评价　　B. 学员互相进行作业评价

C. 平台自主的测试评价　　D. 学员评价培训师

E. 自我评价

16. 慕课教学团队分工包括(　　)等。

A. 课程组织人员　　B. 授课培训师

C. 助教人员　　D. 学员

E. 专业的技术支持人员

17. 慕课对企业培训师的影响包括(　　)等方面。

A. 需要重新定位　　B. 角色更为多样

C. 待遇提高　　D. 技能提升

E. 工作环境更好

18. 根据培训内容来划分,微课程可分为(　　)。

A. 理论型　　B. 技能型　　C. 操作型　　D. 案例综合型

E. 应用型

19. 微课程的特点包括(　　)等。

A. 时间短　　B. 学习效果好　　C. 内容精练　　D. 自由度高

E. 主题情境化

20. 微课程在企业培训中的优势包括(　　)等方面。

A. 学习安排更加灵活　　B. 内容针对性强

C. 学习效果良好　　D. 学习效率得到提高

E. 易于普及

21. 移动学习的基本特征是(　　)。

A. 自主灵活性更强　　B. 互动更加广泛

C. 学习资源的高度共享性　　D. 费用更低

E. 速度更快

22. 微信提供的公众平台，提供了(　　)等功能，以促进移动学习。

A. 微信公众平台群发功能

B. 自动回复功能

C. 学员分享学习情况到朋友圈

D. 学员关注与学习相关的公众平台地理上

E. 学员与学员之间答疑

23. 基于浏览器的移动学习方式，主要特点包括(　　)等方面。

A. 培训师的主导作用较大

B. 是一种以浏览器浏览网页方式的互动应用

C. 学习的内容已经在网络上形成

D. 通过在线练习进行学习强化训练

E. 以在线音频收听及题库在线自测为主

24. 视频案例的优点包括(　　)等方面。

A. 下载方便　　B. 真实、生动　　C. 效果突出　　D. 形式多样

E. 跨时空性

25. 视频案例可以针对员工的某一行为进行(　　)。

A. 持续多节课的录像观察，做纵向的比较、研究

B. 针对不同的员工进行横向的比较、研究

C. 学员的自然观察、自我研究

D. 学员对培训师的评估

E. 培训师对学员的观察、研究

26. 选择视频案例的原则是(　　)。

A. 按需选择　　B. 精彩为主　　C. 合理组合　　D. 因地制宜

E. 下载编辑

27. 大多数企业微课程存在的问题包括(　　)等。

A. 理念落后　　B. 忽视员工的学习需求

C. 忽视"学"的手段管理　　D. 缺少全面设计

E. 互动性不够

28. 在企业培训中，应用微课程应当注意(　　)等方面。

A. 时间控制　　B. 保证系统性

C. 降低成本　　D. 根据内容确定形式

E. 提高使用频率

29. 微课程设计的原则包括(　　)等方面。

A. 针对性　　B. 启发性　　C. 灵活性　　D. 激励性

E. 强化性

30. 针对学员的特征进行微课程内容设计,应该注意(　　)等方面。

A. 计算学习时间　　B. 分析员工的学习风格

C. 提炼微课程的教学内容　　D. 设定相应的学习方式

E. 降低制作成本

31. 提炼微课程的教学内容时,主要做好(　　)。

A. 进行关键词的设定　　B. 对重点内容进行归类

C. 分解为不同的专题　　D. 写作视频脚本

E. 保持每个专题之间的关联性

32. 微课程教学过程包括(　　)。

A. 课程任务单的制定　　B. 培训学员自主学习

C. 讨论分析、培训师指导答疑　　D. 培训师处理反馈信息

E. 培训师评价

33. 微课程教学的形成性评价,主要作用包括(　　)等方面。

A. 及时、准确地掌握教学过程中的问题

B. 了解阶段教学情况

C. 培训师及早调整教学进度

D. 减少培训师的时间投入

E. 提高培训师的收入

34. 企业微课程的制作过程分为(　　)。

A. 准备阶段　　B. 录制阶段

C. 前期设计阶段　　D. 后期制作阶段

E. 推广阶段

35. 以Flash形式制作微课视频,特点包括(　　)等。

A. 更生动形象

B. 制作者要有很强的Flash制作功底

C. 培训师可利用手写板或电子屏进行讲解

D. 只能录屏制作

E. 适合对教材内容剖析和推理

36. 网络视频格式主要包括(　　)。

A. ASF　　B. FLV　　C. F4V　　D. WMV

E. MP4

三、判断题

(　　)37. E-Learning能完全代替传统的课堂教学。

(　　)38. 广义的E-Learning认为E-Learning是一种数字化学习。

(　　)39. 慕课建立在学员的参与和自我管理的基础上。

(　　)40. 目前,世界上还没有机构提供专业的职业教学慕课课程。

(　　)41. 慕课对教育质量会造成消极的影响。

(　　)42. 微课与微课程是相同的两个概念。

(　　)43. 移动学习是在数字化学习(E-Learning)的基础上发展起来的,未来发展的新方向将是泛在学习。

(　　)44. 应知领域是比较适合移动学习的领域。

(　　)45. 微信客户端方式的移动学习,在应试型在线练习上有较大的优势。

(　　)46. 视频案例就是将网上视频下载并在教学时观看的视频。

(　　)47. “一段时间,多项技能”的视频案例适合有一定工作经验,尚未成熟的学员。

(　　)48. “多段时间,一项技能”的视频案例只适合新入职员工使用。

(　　)49. 实践性较强的培训内容非常适合设计成微课程。

(　　)50. 微课程的教学评价只有总结性评价一种。

(　　)51. 以PPT形式制作的微课视频,培训师一般会出现在视频中。

(　　)52. 以讲课形式制作的微课视频,录屏软件更适合操作类型的课程,也较为常用。

四、案例选择题

北京某有限责任公司在企业不断发展壮大的过程中,决定引进微课程培训。其培训总监带领培训部门做了以下工作:

①培训需求调研。他们综合采用问卷调查法、观察法和访谈法等方式来搜集信息,然后对这些信息进行归纳总结,分析参训者关注的重点,以此增强培训课程的针对性和有效性。

②搭建微课程内容框架。设计微课程与建造房子一样,要先确定好课程框架,然后进行内容的补充,最后再对设计出来的微课程进行评估与优化。搭建微课程内容框架,把主要的关键性内容言简意赅地罗列出来,形成微课程的主框架,在此基础上,把每个关键内容的组成部分再列出来。

③课程试拍。他们组织部分经验丰富的内训师,开展模拟式的课程教学拍摄,并外请专家,组织企业内专业人员、内训师等召开课程研讨会,征集大家的意见和建议,发现微课程开发中存在的问题和不足。

④课程优化。课程试讲结束后,根据课程开发的目的及原则,并结合专家、学员提出的意见,对课程内容进行适当的修改和完善。在此阶段,主要是针对课程的深度、顺序以及课程的时间安排进行调整,对于课程大的模块不做调整。

⑤课程上线。经过近3个月的努力,最终确定了5门共60个小时的课程,正式上传到学习平台上。

在上述案例中,增加(　　)步骤,可以提高微课程质量。

A. 明确设计目的和原则　　B. 分析可用资源

C. 购买专业设备　　D. 编撰微课程内容

E. 招聘专业人员

第四节　应试训练题参考答案

一、职业道德试题

(一) 单选题

1. A　2. C　3. D　4. B　5. A　6. D　7. C　8. C　9. A　10. D

11. D 12. A 13. A 14. C 15. D 16. B 17. A 18. D 19. B 20. B
21. D 22. A 23. C 24. D 25. A 26. A 27. A 28. D 29. D 30. A

（二）多选题

31. BD 32. ABC 33. ABC 34. ABCE 35. ACDE

（三）判断题

36. × 37. × 38. ✓ 39. ✓ 40. ✓

二、基础知识试题

（一）单选题

1. A 2. A 3. A 4. D 5. A 6. A 7. D 8. A 9. D 10. B
11. D 12. B 13. A 14. A 15. A 16. D 17. B 18. B 19. A 20. A
21. B 22. D 23. B 24. B 25. C 26. D 27. D 28. C 29. B 30. B
31. B 32. B 33. D 34. B 35. D 36. A 37. A 38. C 39. D 40. A
41. C 42. B 43. A 44. C 45. D 46. D 47. C 48. B 49. A 50. D
51. A 52. A 53. B 54. D 55. D 56. C 57. D 58. B 59. D 60. B
61. A 62. A 63. A 64. B 65. C 66. B 67. B 68. D 69. C 70. B
71. D 72. D 73. C 74. D 75. C 76. D 77. D 78. D 79. D 80. A
81. C 82. D 83. B 84. A 85. D 86. D 87. C 88. B 89. A 90. A
91. D 92. B 93. D 94. B 95. D 96. A 97. D 98. A 99. C
100. A 101. B 102. B 103. A 104. B 105. C 106. D 107. A
108. B 109. B 110. D 111. C 112. C 113. B 114. D
115. A 116. C 117. A 118. A 119. B 120. A

（二）多选题

121. ABCD 122. BCDE 123. ABC 124. ABE 125. AC 126. ABD
127. ABCE 128. ACD 129. BDE 130. BDE 131. BC 132. AC
133. ABCD 134. ABE 135. BCD 136. ABCD 137. ABCDE
138. ABCE 139. ABC 140. ABD 141. BCDE 142. ACDE 143. ABD
144. ABCDE 145. ABD 146. ABCDE 147. ABCDE 148. BCDE
149. ABD 150. ABDE

（三）判断题

151. ✓ 152. × 153. ✓ 154. ✓ 155. × 156. ✓ 157. ✓ 158. ✓ 159. ✓ 160. ✓ 161. ✓ 162. × 163. ✓ 164. ✓ 165. ✓ 166. ✓ 167. × 168. ✓ 169. ✓ 170. ✓

三、专业知识试题

培训需求分析试题

（一）单选题

1. C 2. A 3. B 4. D 5. C 6. A 7. D 8. D 9. A 10. B 11. C 12. A 13. C 14. A 15. B 16. D 17. A 18. A 19. B 20. A 21. D 22. A 23. B 24. A 25. A 26. B 27. A 28. C 29. B 30. A 31. B 32. D 33. B 34. A 35. D 36. C

（二）多选题

37. ABCDE 38. ABCD 39. AB 40. AB 41. ABCD 42. BDE 43. ACE 44. ABCD 45. ACE 46. BD 47. CDE 48. ABCD 49. AB 50. ABC 51. ABCD

（三）判断题

52. ✓ 53. × 54. × 55. × 56. ✓ 57. ✓ 58. × 59. ✓ 60. ✓ 61. ✓ 62. ✓

培训计划试题

（一）单选题

1. A 2. A 3. B 4. D 5. A 6. A 7. B 8. A 9. D 10. B 11. B 12. D 13. B 14. D 15. A 16. D 17. B 18. B 19. D 20. D 21. C 22. B 23. B 24. D 25. A 26. D 27. B 28. C 29. D

（二）多选题

30. ACE 31. ABE 32. ABCDE 33. BCDE 34. ABCE 35. ACD 36. BCDE 37. ADE 38. ABE 39. ABCDE 40. ABCDE 41. ABCDE 42. ABCDE 43. ABCDE

（三）判断题

44. × 45. ✓ 46. ✓ 47. × 48. × 49. ✓ 50. × 51. ✓ 52. × 53. ✓ 54. × 55. × 56. × 57. ✓ 58. × 59. ✓ 60. ×

培训课程开发试题

（一）单选题

1. D 2. C 3. D 4. A 5. C 6. A 7. A 8. A 9. C 10. D 11. B 12. C 13. C 14. A 15. C 16. B 17. C 18. A 19. A 20. D 21. D 22. A 23. B 24. C 25. C 26. B 27. D 28. B 29. C 30. C 31. B 32. A 33. A 34. C 35. C 36. B 37. C 38. A 39. B 40. A 41. B 42. B 43. A 44. B 45. D 46. D 47. B 48. B 49. D 50. B 51. A 52. C 53. A 54. B 55. D 56. D 57. B 58. D 59. B 60. D 61. A 62. D 63. A 64. A 65. C 66. A 67. B 68. D 69. A

（二）多选题

70. BC 71. AC 72. ABCDE 73. BCD 74. BCDE 75. ABCD 76. BCE 77. ACE 78. CDE 79. CDE 80. ABE 81. BCD 82. ACD 83. ABDE 84. AC 85. ABCD 86. ABCD

（三）判断题

87. × 88. × 89. × 90. ✓ 91. × 92. × 93. × 94. ✓ 95. × 96. ×

培训教材开发试题

（一）单选题

1. B 2. C 3. C 4. A 5. B 6. C 7. B 8. A 9. C 10. A

11. B 12. A 13. B 14. A 15. B 16. C 17. D 18. C 19. C 20. C
21. D 22. A 23. D 24. A 25. C 26. C 27. B 28. B 29. B 30. B
31. B 32. A 33. D 34. C 35. A 36. D 37. D 38. A 39. D 40. A
41. B 42. C 43. A

（二）多选题

44. ABCD 45. ABCDE 46. ABCE 47. AC 48. ABD 49. ACD
50. ABCD 51. ABCDE 52. ABCDE 53. ACD 54. ACBED 55. ABCD
56. BCE 57. ACDE 58. ABDE 59. ABCDE 60. BCE

（三）判断题

61. × 62. ✓ 63. ✓ 64. ✓ 65. ✓ 66. ✓ 67. ✓ 68. ✓
69. ✓ 70. ✓ 71. ✓ 72. ✓ 73. × 74. × 75. × 76. ✓

培训教学试题

（一）单选题

1. A 2. B 3. C 4. C 5. D 6. D 7. C 8. A 9. A 10. A
11. D 12. A 13. D 14. B 15. D 16. D 17. C 18. C 19. B 20. A
21. C 22. D 23. A 24. C 25. D 26. A 27. C 28. A 29. A 30. A
31. C 32. A 33. A 34. B 35. C 36. B 37. A 38. C 39. B 40. A
41. B 42. D 43. B 44. D

（二）多选题

45. ABD 46. ABCD 47. ABCD 48. ABCD 49. ABCD 50. ABC
51. ABCD 52. ABCD 53. ABC 54. ABC 55. ABCD 56. BCD
57. ABCD 58. ABCD 59. ABCD 60. ABCD 61. AD 62. BD 63. AC
64. ABC 65. ABCD

（三）判断题

66. × 67. × 68. × 69. ✓ 70. ✓ 71. ✓ 72. × 73. ×
74. ✓ 75. ✓ 76. × 77. ✓ 78. ✓

培训评估试题

（一）单选题

1. C 2. C 3. D 4. A 5. B 6. C 7. A 8. B 9. C 10. A
11. B 12. B 13. D 14. D 15. B 16. B 17. A 18. A 19. A 20. C
21. B 22. A 23. A 24. A 25. C 26. B 27. D 28. D

（二）多选题

29. AC 30. AD 31. ABC 32. ABCD 33. ACD 34. BD 35. ABCD
36. BCD 37. ABCD 38. ABCD 39. ABCD 40. ABCD

（三）判断题

41. ✓ 42. ✓ 43. ×

培训质量管理试题

（一）单选题

1. B 2. C 3. A 4. D 5. C 6. B 7. C 8. A 9. C 10. B
11. A 12. C 13. D 14. A 15. D 16. B 17. B 18. B 19. D 20. A
21. A 22. B 23. C 24. C 25. B 26. B 27. C 28. A 29. A 30. D

（二）多选题

31. ABCE 32. AD 33. ACD 34. ABDE 35. ACDE 36. ABD
37. ABCE 38. BCE 39. BC 40. ABDE 41. ABCE 42. ABC
43. BCDE 44. ABCD 45. ABCDE 46. BCDE 47. ACD 48. ACDE
49. BCD 50. ABD 51. ACDE 52. ABCD 53. ABCDE 54. ABC
55. ABC 56. ABCE 57. ABC 58. ABCDE

（三）判断题

59. × 60. ✓ 61. × 62. ✓ 63. ✓ 64. × 65. ✓ 66. ✓
67. × 68. × 69. ✓ 70. × 71. ×

现代教育培训技术应用试题

(一) 单选题

1. C　2. B　3. A　4. B　5. A　6. B　7. D

(二) 多选题

8. ABCDE　9. ABD　10. ACDE　11. ABCDE　12. ABCD
13. ABCDE　14. ABCDE　15. ABCE　16. ABCE　17. ABD　18. ABD
19. ABCDE　20. ABCE　21. ABC　22. ABCDE　23. BCDE　24. BCDE
25. ABC　26. ACD　27. ABCDE　28. ABD　29. ABCDE　30. BCD
31. ABCE　32. ABCDE　33. ABC　34. ABD　35. ABCE　36. ABCE

(三) 判断题

37. ×　38. √　39. √　40. ×　41. ×　42. ×　43. √　44. √
45. ×　46. ×　47. √　48. ×　49. ×　50. ×　51. ×　52. √

(四) 案例选择题

ABD

第三章
模拟训练题

第一节　模拟训练题1

第一部分　职业道德

（第1～10题，共10题，满分为5分）

单选题（第1～10题，每题0.5分，共5分。每小题只有一个最恰当的答案，请在答题卡上将所选答案的相应字母涂黑）

1. 下列关于道德的说法中正确的是(　　)。

A. 道德内含一种重要的精神力量

B. 道德是尊长对晚辈、下属进行有效管理的要求

C. 道德不是“我”的要求，而是社会外加于“我”的规范

D. 道德是无助者的呼唤

2. 在中国传统道德中，所谓“礼之用，和为贵”的意思是(　　)。

A. 礼法的运用，要把求得一团和气作为重点

B. 道德的根本目的在于增进团结

C. 讲文明礼貌

D. 以礼待人，促进和谐相处

3. 下列关于职业良心的说法中正确的是(　　)。

A. 如果公司老板对员工好，那么员工干好本职工作就是有职业良心

B. 公司安排做什么,自己就做什么,是职业良心的本质

C. 职业良心是指从业人员按照职业道德要求尽职尽责地做工作

D. 一辈子不“跳槽”是职业良心的根本要求

4. 一个人在无人监督的情况下能够自觉按道德要求行事的修养境界是(　　)。

A. 诚信　　B. 仁义　　C. 反思　　D. 慎独

5. 英国思想家威廉·葛德文说:“个人习惯于说他明明知道的假话,或者掩盖他明明知道的真相,必定处于一种不断堕落的状态之中。”这句话的意思是(　　)。

A. 说假话是人的天性

B. 人说假话时,一般不知道自己是在说假话

C. 人们知道事情的真相,但总想掩盖起来

D. 说假话是一个人道德堕落的开始

6. 倡导从业人员“换位思考”的道德意义在于(　　)。

A. 深入了解,严加防范　　B. 知己知彼,斗而不殆

C. 把握情况,有效利用　　D. 和谐相处,互利双赢

7. 在工作过程中,员工为求速度、不顾质量的做法违背了(　　)。

A. 诚实劳动的要求　　B. 公平公正的要求

C. 善于合作的要求　　D. 甘于奉献的要求

8. 下列典故中,其核心体现爱岗敬业精神的是(　　)。

A. 三顾茅庐　　B. 庖丁解牛　　C. 买椟还珠　　D. 对牛弹琴

9. 人们对荣誉和耻辱的根本看法和基本观点是(　　)。

A. 价值观　　B. 人生观

C. 道德观　　D. 荣辱观

10. 在工作中,和谐良好的上下级关系应该是(　　),应是一种民主、平等、互尊互爱、和谐亲密的关系。

A. 服从上级,相互支持　　B. 指挥下级,相互支持

C. 尊上爱下,相互扶持　　D. 尊上爱下,一团和气

第二部分 理论知识

（11～105题，共95题，满分为95分）

一、单选题（第11～75题，每题1分，共65分。每小题只有一个最恰当的答案，请在答题卡上将所选答案的相应字母涂黑）

11. 下列关于职业技能的说法中正确的是（　　）。

A. 职业技能决定着从业人员的职业前途

B. 职业技能的提高，受职业道德素质的影响

C. 职业技能主要是指从业人员的动手能力

D. 职业技能的形成与先天素质无关

12. 岗位是构成劳动者全部工作任务和责任的（　　）。

A. 载体　　B. 集合　　C. 场所　　D. 职位

13. （　　）是由全国人民代表大会常务委员会制定、修改和颁布实施的强制约束性文件。

A. 宪法　　B. 法律　　C. 制度　　D. 章程

14.《中华人民共和国劳动法》的制定必须遵循（　　）规定的立法原则。

A.《中华人民共和国宪法》　　B.《中华人民共和国劳动法》

C. 行政法规　　D. 民法

15. 我国首次在（　　）中，以法律的形式对职业培训经费的提取、使用等问题做出了明确的要求。

A.《中华人民共和国劳动法》　　B.《中华人民共和国劳动合同法》

C.《中华人民共和国职业教育法》　　D.《中华人民共和国就业促进法》

16. 职业资格证书和学历证书不同，它与某一职业能力的具体要求密切相关，反映特定职业的（　　），以及劳动者从事该职业所达到的实际能力水平。

A. 职业态度　　B. 实际工作标准和规范

C. 知识和职业态度　　D. 实际工作业绩

17.《中华人民共和国劳动法》第六十八条规定，从事技术工种的劳动者，上岗前必须经过培训。从而确立了（　　）的法律原则。

A. 边培训边工作　　B. 先培训后上岗

C. 先上岗后培训　　　　　　　　D. 随时培训

18. 公司制企业最高的权力机构是(　　)。

A. 股东大会　　B. 董事会　　C. 高层经理班子　D. 监事会

19. (　　)是培训活动的首要环节。

A. 培训需求预测　　　　　　　　B. 培训目标预测

C. 培训需求分析　　　　　　　　D. 培训目标分析

20. 职业资格证书是劳动者具有和达到某种职业所要求的(　　)的凭证,是职业标准在劳动者身上的体现和定位。

A. 态度和技能　　　　　　　　　B. 知识和技能

C. 职业精神和职业知识　　　　　D. 技能和工作业绩

21. 下列不属于团队中大佬特征的是(　　)。

A. 个人能力强能独当一面

B. 在团队中常常以绝对业绩跃跃领先于团队其他成员

C. 组织纪律散漫,好大喜功,目空一切,自身定位于团队功臣

D. 服从团队负责人正确的领导

22. 下列对于拓展训练与传统学习的区别中不正确的是(　　)。

A. 拓展训练强调以学员为中心,传统学习强调以教师为中心

B. 拓展训练强调做中学,传统学习强调学

C. 拓展训练注重观念与态度,传统学习注重知识、技能

D. 拓展训练讲情景与记忆,传统学习讲领悟与体会

23. 在拓展培训中,“安全”是首要的,培训师不仅要保障学员的身体安全,而且还应努力做到使学员感到(　　)。

A. 身心安全　　B. 团队安全　　C. 心理放松　　D. 心理安全

24. 下列属于技能类培训的是(　　)。

A. 学徒培训　　　　　　　　　　B. 现场叉车驾驶训练

C. 岗位培训　　　　　　　　　　D. 翻转课堂

25. “破冰”是指在拓展中进行的旨在使参加培训学员达到身心投入最佳状态的(　　)。

A. 导入活动　　B. 指导过程　　C. 结束活动　　D. 结束过程

26. 生产车间的工段长、班组长属于(　　)。

A. 高层管理者　B. 中层管理者　C. 基层管理者　D. 中高层管理者

27. “马斯洛需求层次论”认为,人的最低层需要是(　　)。

A. 生理需要　B. 安全需要　C. 尊重需要　D. 社交需要

28. “在管理过程中,要下功夫狠抓单位的薄弱环节;否则,单位的整体工作就会受到影响。”这句话体现了企业管理的法则是(　　)。

A. 海豚法则　B. 木桶法则　C. 抽屉法则　D. 刺猬法则

29. 某钢铁厂有位电子专业毕业的中年知识分子,曾经利用业余时间研制小型电脑,并在此方面有所创新,他本人迫切要求从事这方面的专门研究,以争取早出成果。以上3种需要分别属于(　　)。

A. 生理需要、安全需要和尊重需要

B. 社交需要、安全需要和尊重需要

C. 生理需要、安全需要和自我实现需要

D. 社交需要、安全需要和自我实现需要

30. 人力资源是指在一定时间、空间条件下现实的和潜在的劳动力(　　)的总和。

A. 数量　B. 质量　C. 数量和质量　D. 人口

31. 下列不属于人力资源性质的是(　　)。

A. 能动性　B. 时效性　C. 社会性　D. 不变性

32. 人力资源主要是以个体的形态存在的,这称为人力资源的(　　)。

A. 独立性　B. 能动性　C. 有效性　D. 资本性

33. 目标管理过程中最重要的阶段是(　　)。

A. 有效目标的设置　B. 目标的执行

C. 过程检查　D. 自我调节

34. 以提高员工分析和决策能力、书面和口头沟通能力、人际关系技巧能力等为主要内容的培训属于(　　)。

A. 技能培训　B. 知识传授培训

C. 态度转变培训　D. 工作方法改进培训

35. “金无足赤,人无完人”体现在人员甄选的原则上是(　　)。

A. 用人所长原则　B. 民主集中原则

C. 因事择人原则　D. 德才兼备原则

36. 组织需求分析不包括(　　)。

A. 人力资源规划分析　　B. 生产效率分析

C. 文化分析　　D. 工作绩效评价分析

37. 培训需求调查计划的内容不包括(　　)。

A. 主管领导的审批意见　　B. 确定培训需求调查工作的目标

C. 调查工作的行动计划　　D. 选择合适的培训需求调查方法

38. 人员培训活动的起点是(　　)

A. 培训目标的确定　　B. 培训计划的确定

C. 培训师资的选定　　D. 培训需求的确定

39. 需求分析结果是确定(　　)和培训目标、设计培训课程计划的依据和前提。

A. 培训需求分析结果　　B. 培训需求调查

C. 培训需求评估计划　　D. 培训需求来源

40. 在搜集培训计划所需的直接信息和辅助信息后,助理企业培训师需要对其进行分类加工,形成文字材料。文字材料需要包括信息搜集说明与(　　)。

A. 信息分类　　B. 信息来源　　C. 初步分析　　D. 培训主体内容

41. 安排课程对应的参训人员时,公司通常提前(　　)通知培训报名,以便于参训人可以安排好他们的时间表,在培训日时有时间参加。

A. 半年　　B. 两到三个月

C. 半个月到一个月　　D. 一个星期到两个星期

42. 制订培训计划的顺序是(　　)。

A. 先部门,后公司　　B. 先公司,后部门

C. 公司与部门同时进行　　D. 以上都可以

43. 下列关于培训项目通知的说法中错误的是(　　)。

A. 让受训者对培训有一个明确的班期预期

B. 确保每一个应该来的人都收到通知

C. 可以电话通知培训信息

D. 最好在培训的前一天进行通知

44. 下列说法中错误的是(　　)。

A. 培训者需要让培训有一个良好的开端,并且一直保持下去

B. 培训者无须了解受训者的水平和学习动机

C. 培训者可以对受训者关心或担心的问题表示关注，或者让受训者签署一份学习协议

D. 培训者应竭尽所能营造一种相互尊重和开放的氛围

45. (　　)不是一份成功的年度培训计划所具有的特点。

A. 简洁　　B. 结构化

C. 语言严肃、刻板　　D. 逻辑清晰

46. (　　)在整个教学活动中心处于核心地位。

A. 培训项目　　B. 培训评估　　C. 教案　　D. 课程

47. 一般来说，职业培训课程由5个要素构成，即：对学员和环境的假定所组成的课程框架；宗旨和目标；(　　)；执行的模式和课程评价。

A. 内容及其选择范围和顺序　　B. 课程的内容和选择范围

C. 课程的内容和基本要求　　D. 选择的范围和依据

48. 下列关于职业培训课程特征的表述中不正确的是(　　)。

A. 课程目标对社会劳动力需求的直接性

B. 课程设计中的技能训练有一定比例界定

C. 理论知识服从于技能要求，具有不系统性

D. 注意经济性和政治性

49. 遵循培训评估客观性原则，要(　　)评价对象全貌。

A. 科学、准确、真实地反映　　B. 认真

C. 按评价标准　　D. 按评估流程

50. 审定培训课程内容开发方案中的适用性是指课程对于学员的(　　)。

A. 客观性与可操作性　　B. 系统性与科学性

C. 主观性与原则性　　D. 针对性、指向性、可接受性

51. 搜集相关信息是培训课程开发基础工作的(　　)。

A. 研究环节　　B. 核心环节　　C. 次要环节　　D. 最终环节

52. 职业培训教材是为(　　)而编写的，供教师教学和学员学习时使用的材料总和。

A. 使用有价值　　B. 统一标准

C. 实现职业培训目标　　　　D. 教学

53. (　　)要坚持针对性与实用性原则、创新性与新颖性原则、系统性与科学性原则、反映最新科技成果原则。

A. 培训项目开发　　　　B. 培训课程开发

C. 编辑培训教材　　　　D. 教材开发

54. 教材开发的基本方法是(　　)。

A. 自编自制教材　　　　B. 学员提供

C. 拼接法　　　　D. 移花接木法

55. 信息搜集是培训教材开发最基本的基础性工作,有效的信息搜集应坚持(　　)、与培训目标相符的原则、实事求是的原则、系统性原则。

A. 经济适用原则　　　　B. 理论联系实际原则

C. 多样性原则　　　　D. 前瞻性原则

56. 有效课堂教学主要是指培训师在投入一定的时间、精力,通过教学让学员所获得具体的进步和(　　)。

A. 发展　　B. 技能　　C. 目标　　D. 体验

57. 评价教学是否有效,不是指培训是否完成教学内容或教学任务或教得认真不认真,而是指学员有没有(　　)。

A. 收获　　B. 认真　　C. 参加　　D. 体验

58. 有效课堂应该倡导以(　　)为中心,授人以鱼不如授人以渔。

A. 培训师　　B. 领导　　C. 学员　　D. 培训管理者

59. (　　)是最基本的培训方法,也最常用。

A. 案例分析　　B. 小组讨论　　C. 角色扮演　　D. 讲授法

60. 建构主义认为,世界是客观存在的,但是对于世界的理解和赋予的意义却由(　　)决定。

A. 个人　　B. 组织　　C. 结构　　D. 程序

61. 确定培训主题,要调查培训对象,其中可靠性高的方法是(　　)。

A. 问培训员工的主管　　　　B. 发调查问卷给员工

C. 直接定方案　　　　D. 根据任务选择

62. 柯氏四级评估模式的第三级是(　　)评估。

A. 行为　　B. 反应　　C. 学习　　D. 结果

63. 教育学家本杰明·布鲁姆将学习分为认知领域、(　　)领域和操作领域3个领域。

A. 生活　　B. 情感　　C. 复习　　D. 练习

64. 企业培训教学的(　　)特点决定培训必须突出动手操作能力的训练。

A. 确定性　　B. 实践性　　C. 多样性　　D. 灵活性

65. 五星教学法是通过综合比较研究(　　)种不同的教学过程的主张发展而来的教学理论。

A. 5　　B. 7　　C. 11　　D. 9

66. 五星教学法五步教学程序中不包含(　　)。

A. 聚焦问题　　B. 论证新知　　C. 激活旧知　　D. 提供反馈

67. 培训评估的目的主要是判断项目是否成功,是否让相关利益方满意,是否帮助学员掌握了知识、技能,端正了态度,是否帮助组织达成了(　　)。

A. 过程　　B. 数量　　C. 目标　　D. 规模

68. 全面培训质量管理的特点不包括(　　)。

A. 全部的资源配置　　B. 全面的内容与方法

C. 全过程的控制　　D. 全员参与

69. 强化培训质量文化不包括(　　)。

A. 加大宣传力度　　B. 提倡换位思考

C. 强化"顾客"理念　　D. 提高专业能力

70. E-Learning的内涵不包括(　　)。

A. 课堂教学革命的手段

B. 与员工进行知识共享的企业管理解决方案

C. 创新的教学培训沟通方式

D. 虚拟网络学习培训方式

71. 事务处理训练也称为(　　)。

A. 户外体验式训练　　B. 室内培训游戏

C. "文件筐"训练　　D. 模拟训练

72. 一个科学的培训工作过程是(　　)。

A. 培训需求分析—制订培训计划—实施培训—考核评估—反馈和总结提高

B. 制订培训计划—培训需求分析—实施培训—考核评估—反馈和总结提高

C. 培训需求分析—制订培训计划—考核评估—实施培训—反馈和总结提高

D. 考核评估—制订培训计划—实施培训—培训需求分析—反馈和总结提高

73. (　　)是指为达到现实教学培训目的而选择的教育培训内容的总和。

A. 教材　　B. 课程　　C. 培训大纲　　D. 培训计划

74. 培训课程开始前,应做好后勤准备工作,确认(　　)。

A. 培训师　　B. 培训时间　　C. 公司政策　　D. 培训设备场地

75. 布置培训会场时,投影幕布固定在讲台中间,这时可将演讲台放置在讲台的(　　)比较合理。

A. 左边　　B. 中间　　C. 右边　　D. 都可以

二、多选题(第76~95题,每题1分,共20分。每小题有多个答案正确,错选、少选、多选,均不得分)

76. 企业微课程的制作过程分为(　　)。

A. 准备阶段　　B. 录制阶段　　C. 前期设计阶段　D. 后期制作阶段

E. 推广阶段

77. 培训需求评价的结果可以用于(　　)以及员工职业生涯发展等。

A. 培训计划的编制　　B. 培训内容的安排

C. 培训方法的选择　　D. 培训课程的设计

E. 薪酬方案的设计

78. 如果选择问卷调查法搜集培训需求信息,设计问卷时应注意(　　)。

A. 语言简洁　　B. 问卷问题清楚明了

C. 多采用主观问题方式　　D. 问卷填写者须署名

E. 问题后应留填写意见的足够空间

79. 在培训教学的过程中,根据目标安排相应的学习活动。下列属于学习活动的是(　　)。

A. 头脑风暴　　B. 案例研究　　C. 角色扮演　　D. 示范

E. 影视短篇

80. 坚持采用主动学习法，才能利用课堂提高学员的思维能力、应用能力与创造能力，其学习效果具体体现的方面有(　　)

A. 能够产生学习兴趣，增强学习信心

B. 便于了解学员学习能力上的优缺点

C. 使学员自然而然地理解和掌握学习目标的基本原理

D. 培养主动自觉进行学习的能力

E. 提高职业规划能力

81. 培训讲授的授课技巧有(　　)。

A. 表达要合理　　B. 互动要适当

C. 关注特殊学员　　D. 不必考虑学员的感受

E. 气氛要热烈

82. 多媒体的特点是(　　)。

A. 趣味性　　B. 集成性　　C. 交互性　　D. 实时性

E. 虚拟性

83. 从培训质量管理流程的观点来看，决定培训质量的关键环节为(　　)环节。

A. 经费申请　　B. 培训计划的制订

C. 课程开发　　D. 教学组织管理

E. 培训师的选择

84. 企业培训评估是对企业培训工作的绩效衡量过程，做好培训评估主要有(　　)作用。

A. 决策　　B. 改进　　C. 推广　　D. 结果

E. 控制

85. 培训评估方案包括的内容有(　　)。

A. 评估目的　　B. 评估标准集

C. 评估权重集　　D. 量表和评判依据

E. 各类表格

86. 培训质量的特征包括(　　)等方面。

A. 时间上　　B. 心理上　　C. 伦理上　　D. 地理上

E. 效用上

87. 培训开场白设计的原则为(　　)。

A. 为培训主题服务　　B. 增强吸引力

C. 新颖　　D. 加深理解

E. 简短

88. 有效培训质量控制的特征包括(　　)。

A. 易理解性　　B. 必然性　　C. 客观性　　D. 指示性

E. 合理性

89. 五星教学法五步教学程序包含(　　)。

A. 聚焦问题　　B. 论证新知　　C. 激活旧知　　D. 应用新知

E. 融会贯通

90. 培训师在授课的过程中采用(　　)来增强与学员之间的互动。

A. 提问法　　B. 道具运用法　　C. 巧妙演示法　　D. 游戏法

E. 课间休息

91. 慕课的优势是(　　)。

A. 高度的开放性　　B. 成熟的教学模式

C. 优质的内容　　D. 便捷的交互

E. 便利的扩展

92. 根据培训内容来划分,微课程可分为(　　)。

A. 理论型　　B. 技能型　　C. 操作型　　D. 案例综合型

E. 应用型

93. 移动学习的基本特征是(　　)。

A. 自主灵活性更强　　B. 互动更加广泛

C. 学习资源的高度共享性　　D. 费用更低

E. 速度更快

94. 视频案例的优点包括(　　)等方面。

A. 下载方便　　B. 真实、生动　　C. 效果突出　　D. 形式多样

E. 跨时空性

95. 一个完整的培训包含(　　)。

A. 需求分析　　B. 培训计划　　C. 培训实施　　D. 培训评估

E. 培训监控

三、是非题(第96～105题,每题1分,共10分。将判断结果填入括号中,正确的填“√”,错误的填“×”)

(　　)96. 主动学习策略关键过程指标衡量就是学员参与的培训是主动学习还是被动灌输。

(　　)97. ISO10015是ISO颁布的有关培训的第一个,也是唯一一个国际标准指南。

(　　)98. 培训质量管理体系只需有国家的质量标准作支撑。

(　　)99. 一级评估过程中要确保培训是为了培训师,而不是学员。

(　　)100. 你所在的企业,近期技术人员频频出错,导致质量事件,你作为培训经理,首先要找出培训需求,再去做培训计划。

(　　)101. 在传统上,培训的重点一般放在基本技能和高级技能这两个层次上。

(　　)102. 培训教材方面的信息属于与培训计划直接相关的主体信息。

(　　)103. 将顾客的意见和建议写实存档,作为产品技术人员或市场营销人员培训计划的素材积累,这是建立基本素材台账的内容。

(　　)104. 分析培训对象是教材开发的前提。

(　　)105. 主动学习是通过提供最佳的学习环境,学员通过知识的获得与问题的解决带来愉悦感,激发好奇心、求知欲、自尊心、责任感、学习兴趣和成就感等。

第二节　模拟训练题2

第一部分　职业道德

(第1～10题,共10题,满分为5分)

单选题(第1～10题,每题0.5分,共5分。每小题只有一个最恰当的答案,请在答题卡上将所选答案的相应字母涂黑)

1. 下列关于诚实守信的认识和判断中正确的是(　　)。

A. 诚实守信与经济发展相矛盾

B. 诚实守信是市场经济应有的法则

C. 是否诚实守信要视具体对象而定

D. 诚实守信应以追求利益最大化为准则

2. 职业道德是指从事一定职业的人在职业活动中应遵循的(　　)。

A. 行为准则　　B. 规章制度　　C. 社会公德　　D. 社会规范

3. 在社会主义核心价值体系中,现时代精神的核心是(　　)。

A. 改革创新　　B. 爱岗敬业　　C. 民主科学　　D. 以人为本

4. 英国思想家威廉·葛德文说:“个人习惯于说他明明知道的假话,或者掩盖他明明知道的真相,必定处于一种不断堕落的状态之中。”这句话的意思是(　　)。

A. 说假话是人的天性

B. 人说假话时,一般不知道自己是在说假话

C. 人们知道事情的真相,但总想掩盖起来

D. 说假话是一个人道德堕落的开始

5. 一般在业余时间里,你和同事们谈论的话题是(　　)。

A. 社会新闻　　B. 上司的花边消息

C. 生产和销售　　D. 朋友的逸闻趣事

6. 古人认为,在无人监督时,依然能严格按道德规范要求做事的修养境界是(　　)。

A. 自律　　B. 内省　　C. 慎独　　D. 无妄

7. 要做到遵纪守法,每个职工必须做到(　　)。

A. 有法可依　　B. 反对“管”“卡”“压”

C. 反对自由主义　　D. 努力学法、知法、守法、用法

8. 你和几个同学聊天,其中两个人因对某个问题的看法不同而争吵起来。你会(　　)。

A. 急忙制止他们,借故把其中的一个人叫走

B. 立即岔开话题,把话题引导到别处

C. 任他们争吵下去,看看谁的辩论水平高

D. 表扬他们的争辩水平,并说明自己的观点

9. 在工作中,和谐良好的上下级关系应该是( ),应是一种民主、平等、互尊互爱、和谐亲密的关系。

A. 服从上级,相互支持　　B. 指挥下级,相互支持

C. 尊上爱下,相互扶持　　D. 尊上爱下,一团和气

10. “不想当将军的士兵不是好士兵”,这句话体现了职业道德的准则为( )。

A. 忠诚　　B. 诚信　　C. 敬业　　D. 追求卓越

第二部分 理论知识

(第11～105题,共95题,满分为95分)

一、单项选择题(第11～75题,每题1分,共65分。每小题只有一个最恰当的答案,请在答题卡上将所选答案的相应字母涂黑)

11. 下列层次排列顺序正确的是( )。

A. 法律、宪法、行政法规、规章　　B. 法律、行政法规、宪法、规章

C. 宪法、法律、行政法规、规章　　D. 宪法、规章、法律、行政法规

12.《中华人民共和国劳动法》的制定必须遵循( )规定的立法原则。

A.《中华人民共和国宪法》　　B.《中华人民共和国劳动法》

C. 行政法规　　D. 民法

13. 首次明确提出“开发劳动者的职业技能”概念的是( )。

A.《中华人民共和国劳动法》　　B.《中华人民共和国教育法》

C.《中华人民共和国职业教育法》　　D.《中华人民共和国教师法》

14.《中华人民共和国劳动法》第六十八条规定,从事技术工种的劳动者,上岗前必须经过培训。从而确立了( )的法律原则。

A. 边培训边工作　　B. 先培训后上岗

C. 先上岗后培训　　D. 随时培训

15. 下列关于“团队”的说法中正确的是( )。

A. 任何一种组织都是一个“团队”

B. 不管宗旨是什么,只要它是一个团结的队伍,它就是团队

C. 由于实行扁平化管理,一个好的团队逐渐淡化了组织领导

D. 个人追求与组织发展方向高度一致是优秀团队的基本特征

16. 职业资格证书是由政府认定的考核机构,按国家规定的职业技能标准和任职资格,对劳动者技能水平或职业资格进行客观、公正、科学、规范的评价和鉴定的结果,是劳动者具有和达到某种职业所要的(　　)的凭证,是职业标准在劳动者身上的体现和定位。

A. 态度和技能　　B. 知识和技能

C. 职业精神和职业知识　　D. 技能和工作业绩

17. 职业培训为劳动就业服务的即时性特点使培训与教育有着明显的区别,教育要以学科传承知识为本位,培训则主要以(　　)。

A. 传授工作技能为中心　　B. 传授工作规范为中心

C. 传授知识和职业态度为中心　　D. 传授工作经验为中心

18. 第43届世界技能大赛于2015年8月11日至16日在巴西圣保罗举行,中国代表团共获得(　　)金牌、6枚银牌、3枚铜牌和12个优胜奖,创造了我国参加世界技能大赛以来的最好成绩,实现了金牌零的突破,为祖国和人民赢得了崇高荣誉。

A. 1枚　　B. 4枚　　C. 5枚　　D. 6枚

19. 在第43届世界技能大赛上获得汽车喷漆项目金牌的杨金龙是中国(　　)选派的年轻选手。

A. 广东职业技术学院　　B. 浙江杭州技师学院

C. 上海交通大学　　D. 南京工业职业技术学院

20. 为了实施科教兴国战略,发展职业教育,提高劳动者素质,促进社会主义现代化建设,制定并颁布了(　　)。

A.《中华人民共和国职业教育法》　　B.《中华人民共和国劳动法》

C.《中华人民共和国教师法》　　D.《中华人民共和国就业促进法》

21. 全面质量管理的工作程序被称之为戴明循环,其含义是(　　)。

A. 调研、计划、实施和评价　　B. 行动、监测、评估和反馈

C. 确定、实施、评价和激励　　D. 计划、执行、检查和处理

22. (　　)是培训活动的首要环节。

A. 培训需求预测　　B. 培训目标预测

C. 培训需求分析　　D. 培训目标分析

23. 科学的培训工作过程应该是(　　)。

A. 培训需求分析—制订培训计划—实施培训—考核评估—反馈和总结提高

B. 制订培训计划—培训需求分析—实施培训—考核评估—反馈和总结提高

C. 制订培训计划—实施培训—考核评估—反馈和总结提高

D. 实施培训—培训需求分析—考核评估—反馈和总结提高

24. 许多企业都是把提高( )、挖掘员工的发展潜能作为企业发展的核心竞争力。

A. 企业的质量　　B. 员工的待遇

C. 员工的综合素质　　D. 产品的质量

25. 素质教育培训是( ),以提高国民素质、促进人的综合能力为宗旨的全面发展的教育培训活动。

A. 加强理论和技能培训　　B. 加强学历教育

C. 全面贯彻党的教育方针　　D. 加强岗位培训

26. 团队也是一个组织,是由两个以上成员组成的( )。

A. 非正式群体　　B. 非正式组织

C. 目标或任务的共同体　　D. 群体

27. “没有完美个人,只有完美团队”是说成熟团队追求的不是( )。

A. 个人角色突出和独树一帜　　B. 目标一致

C. 责任明确　　D. 能力互补

28. 拓展训练也叫( ),其实都可以称之为体验式培训。

A. 户外培训　　B. 拓展培训　　C. 参与式培训　　D. 户外锻炼

29. 在拓展训练的基本程序中,使学员和拓展培训师、学员间相互了解、彼此认识,消除陌生感,建立信任的作用是指( )。

A. 项目操作　　B. 破冰　　C. 总结　　D. 互动

30. 下列不属于班组工作制度的具体内容的是( )。

A. 生产管理　　B. 操作工艺　　C. 培训计划　　D. 安全管理

31. ( )是提高对员工培训工作认识能力的一般渠道。

A. 通过岗位职务描述提高认识能力

B. 通过亲身实践提高认识能力

C. 通过文化建设提高认识能力

D. 通过人格因素测验提高认识能力

32. 培训项目由多个要素组成,其中(　　)是主要的核心内容。

A. 项目实施　　B. 教学方法　　C. 教学评估　　D. 课程开发

33. (　　)是劳动者具有和达到某种职业所要求的知识和技能的凭证。

A. 技术水平　　B. 职业建设　　C. 工作能力　　D. 职业资格证书

34. 教育的基本特点是永恒性、历史性和(　　)。

A. 经济性　　B. 统一性　　C. 相对独立性　　D. 相对性

35. 岗位职务描述的基本单位主要包括(　　)、元素、任务、职责。

A. 微动作　　B. 时效　　C. 体验　　D. 方法

36. 企业培训对员工绩效的改善作用不大的根本原因是(　　)。

A. 培训体系建设的原因不明

B. 培训实施操作不合理

C. 培训的前期准备工作力度不够,投入不大

D. 企业对培训的重视程度不够

37. 通过提问清单可以系统地了解所关心的内容,可以进行跟踪提问,也可以进行劝导,这是(　　)的优点。

A. 问卷调查法　　B. 访谈法　　C. 现场取样法　　D. 观察法

38. 下列不属于信息分类中的类别的是(　　)。

A. 依据类信息　　B. 条件类信息　　C. 主体类信息　　D. 理论类信息

39. 培训项目信息包括培训月份、培训类型、培训名称、培训方式、参加人员范围、重点参加人员、(　　)等。对于重点参加人员,培训后要进行考核。

A. 培训教材　　B. 培训课程　　C. 培训地点　　D. 费用预算

40. 下列关于内部培训师的选拔的说法中错误的是(　　)。

A. 要在企业高层管理者的支持下进行,使得选聘兼职培训师的工作更具有权威性

B. 在前期动员工作的基础上,人力资源培训部门或培训的组织者就要着手实施选拔工作

C. 培训师队伍的培训是建立内部培训师队伍关键的一环

D. 培训师的资格认定标志着培训师队伍最终建立起来

41. 培训课程开发的依据是(　　)。

A. 课程教学大纲

B. 教材的选定和编制

C. 培训项目实施计划中的培训目的、目标

D. 培训项目中的各项要求

42. 职业技术课程内容选择的主要方法是(　　)。

A. 职业需求　　B. 职业分析　　C. 职业活动　　D. 职业目标

43. 培训项目与培训课程的关系是(　　)。

A. 局部和全局关系　　B. 全局和局部关系

C. 被决定性关系　　D. 被支配关系

44. 在对企业培训的培训方法分类中,头脑风暴法属于(　　)。

A. 与创造性培训相适应的培训方法

B. 与解决问题能力的培训相适应的培训方法

C. 与技能培训相适应的培训方法

D. 基本能力的开发方法

45. (　　)属于培训教材开发基础性工作的内容。

A. 教材策划工作　　B. 培训需求调查工作

C. 教材编写工作　　D. 教材管理工作

46. 下列关于培训制度的说法中错误的是(　　)。

A. 体现了"先培训、后上岗、先培训、后任职"的原则

B. 培训风险管理制度是培训管理的首要制度

C. 制定培训奖惩制度时,一定要明确培训可能出现的各种优劣结果的奖惩标准

D. 设立培训评估制度,既可以检验培训效果,也可以规范培训相关人员的重要途径

47. 职业培训教材的内容更加突出职业活动和岗位工作的技能目标要求,强调理论知识为(　　)服务。

A. 人的发展　　B. 技能培养　　C. 专业建设　　D. 素质教育

48. 职业培训的特点是为劳动就业服务的即时性、突出技能训练的操作性、(　　)的直接性、隶属于劳动工作的专业性、侧重职业资格证书的非学

历性。

A. 强调知识传授　　B. 同生产岗位相结合

C. 解决劳动力市场需求　　D. 强调基础教育

49. (　　)的基本含义就是寻找、发现、挖掘、选择。

A. 项目开发　　B. 开发　　C. 课程开发　　D. 教材开发

50. (　　)是信息搜集工作的终端环节。

A. 收集工作　　B. 整理工作　　C. 分析工作　　D. 调查工作

51. 有效课堂应该倡导以(　　)为导向,授人以鱼不如授人以渔。

A. 培训师　　B. 内容　　C. 学员　　D. 绩效

52. 有效课堂要达到的关键目的是(　　)。

A. 让教学更有目标　　B. 让学员学习更感兴趣

C. 让学员有"饥饿感"　　D. 让教学更有效果

53. 在培训教学的过程中,根据目标安排相应的学习活动。下列不属于学习活动的是(　　)。

A. 练习　　B. 模仿

C. 游戏、结构化的经历　　D. 经费

54. 认为"如何运用主动学习策略,让学习真正地发生呢?主动学习主要有8个策略"的教学专家是(　　)。

A. 梅尔·希尔伯曼　　B. 沃伦·本尼斯

C. 彼得·圣吉　　D. 叶圣陶

55. 制订培训计划的顺序是(　　)。

A. 先部门,后公司　　B. 先公司,后部门

C. 公司与部门同时进行　　D. 以上都可以

56. 有效控制培训质量的管理方法是(　　)。

A. 建立以"PDCA"循环为核心的培训质量管理工作程序

B. 监视工程项目的每个环节

C. 有效落实培训责任

D. 实行全过程的控制

57. 知识又分为陈述性知识、(　　)、概念性知识和原则性知识。

A. 流程性知识　　B. 理解性知识

C. 应用性知识　　D. 分析性知识

58. 培训(　　)是为课程的实施制订的具体行动方案。

A. 项目计划　　B. 实施计划

C. 课程教学大纲　　D. 教学计划

59. 下列关于职业培训课程特征的表述中不正确的是(　　)。

A. 课程目标对社会劳动力需求的直接性

B. 课程设计中的技能训练有一定比例界定

C. 理论知识服从于技能要求,具有不系统性

D. 注意经济性和政治性

60. 通过学员企业内部分享经验教训,问题更具有内部普适性,熟悉内部情况,减少与自身的距离感,积极参与。这是指五星教学法五步教学程序中的(　　)。

A. 激活旧知　　B. 聚焦问题　　C. 论证新知　　D. 应用新知

61. 培训项目一经确定,首先要考虑的问题是(　　)。

A. 教材选定　　B. 教师聘任

C. 课程开发　　D. 制订培训计划

62. (　　)是决定并保证评估活动正确取向的准则。

A. 目标性原则　　B. 实用性原则

C. 连续性原则　　D. 客观性原则

63. 大多数企业培训部门,虽然已经有了培训评估的意识,但重点仍然是培训实施,对评估投入的资源仍然非常缺乏。这在企业培训评估中存在(　　)问题。

A. 投入不足　　B. 相对片面

C. 方法单一　　D. 缺乏系统记录管理

64. 作为必要的测量尺度和评判依据,是事物质变的临界点,是事物质变过程中量的规定性。这是培训评估方案的(　　)内容。

A. 评估目的　　B. 评估权重集

C. 评估标准集　　D. 量表和评判依据

65. 企业培训的教学原则有遵循成人教学规律原则、教学互动原则、(　　)原则和创造性原则等。

A. 最优化　　B. 个性化　　C. 自愿性　　D. 求新性

66. 培训质量永恒的主题是(　　)。

A. 质量第一　　B. 落实责任　　C. 持续改进　　D. 优化资源

67. 有效培训质量控制的要求不包括(　　)。

A. 确定合理的培训质量目标　　B. 建立独立的培训质量管理机制

C. 实施规范的培训质量控制程序　　D. 设计有效的培训质量控制机构

68. ISO10015标准的培训过程分为(　　)个环节。

A. 3　　B. 4　　C. 5　　D. 8

69. 在培训质量控制方法中,(　　)不属于老7种手段。

A. 查核表　　B. 关联图　　C. 直方图　　D. 因果图

70. 培训质量管理报告的总体原则不包括(　　)。

A. 严格遵循PDCA循环的程序　　B. 工具运用多种多样

C. 文字简洁以图表为主　　D. 数据准确、判断科学

71. 下列不属于成人学习的特点的是(　　)。

A. 成人学习参与意识强烈

B. 成人学习强调学以致用

C. 当成人在生理和心理上都觉得舒适时,学习效果最好

D. 成人学习并不以理解学习为主

72. 一般情况下,下列不属于新员工内训的是(　　)。

A. 公司的历史、概况、业务、发展规划

B. 公司的规章制度、岗位职责、操作流程

C. 公司的行为准则、职业精神

D. 资格证书培训

73. 下列关于培训费用的分配描述中正确的是(　　)。

A. 业务部门、创造性部门的培训优先于服务部门、事务性部门

B. 一般员工的培训重于骨干、干部的培训

C. 花钱少的先安排

D. 骨干、干部的培训优先于一般员工的培训

74. 进行企业培训时,学员的大部分时间在(　　)是比较理想的状态。

A. 听培训师讲授课程

B. 向同学讲授、从学员那里学习

C. 讨论概念、练习技巧

D. 阅读资料、手册，观看幻灯片或者视频

75. (　　)是优秀团队的灵魂、成功团队的特质。

A. 团队目标　　B. 团队团长　　C. 团队激励　　D. 团队精神

二、多选题(第76～95题，每题1分，共20分。每小题有多个答案正确，错选、少选、多选，均不得分)

76. 现代教育培训要求围绕着4种能力重新设计，组织学习的内容被称为教育培训的支柱的是(　　)。

A. 学创新　　B. 学知

C. 学做　　D. 学会共同生活

E. 学设计

77. 人力资源结构的主要内容包括年龄结构、职称结构、(　　)。

A. 岗位结构　　B. 技能结构　　C. 性别结构　　D. 文化结构

E. 薪资结构

78. 拓展训练的综合性特点主要是指所有项目都以体能活动为引导，引发出(　　)，有明确的操作过程，要求学员全身心地投入。

A. 课堂活动　　B. 认识活动　　C. 情感活动　　D. 意志活动

E. 交往活动

79. 培训教材开发的基础性工作主要包括(　　)。

A. 培训课程设置　　B. 培训需求的调查工作

C. 相关培训信息的搜集工作　　D. 培训课程内容的范围和顺序

E. 其他基础性工作

80. 培训质量管理工作方案的具体关键点是培训前有(　　)。

A. 新项目报批　　B. 新教材报批

C. 新课程报批　　D. 办班立项申请

E. 培训师资登记

81. 五星教学法五步教学程序中包含(　　)。

A. 聚焦问题　　B. 论证新知　　C. 激活旧知　　D. 应用新知

E. 融会贯通

82. 建构主义更关注如何以原有的经验、心理结构和信念为基础来建构知识,强调学习的( ),对学习和教学提出了许多新的见解。

A. 被动性　B. 情境性　C. 主动性　D. 社会性

E. 及时性

83. 本杰明·布鲁姆认为学习从简单到复杂有6个层级,其中包括( )。

A. 记忆　B. 理解　C. 应用　D. 分析

E. 复习

84. 坚持采用主动学习法,才能利用课堂提高学员的思维能力、应用能力与创造能力,其学习效果具体体现在( )。

A. 能够产生学习兴趣,增强学习信心

B. 便于了解学员学习能力上的优、缺点

C. 使学员自然而然地理解和掌握学习目标的基本原理

D. 培养主动自觉进行学习的能力

E. 确定职业生涯目标

85. 下列不属于有效课堂要达到的关键目的的是( )。

A. 让教学更有目标　B. 让学员学习更感兴趣

C. 让学员有“饥饿感”　D. 让教学更有效果

E. 学员积极参与

86. 分析、总结培训需求数据这一阶段包括( )。

A. 培训需求信息、归类、整理　B. 培训需求信息的分析、总结

C. 培训需求结果的处理　D. 培训需求结果的总结

E. 培训需求计划

87. 培训计划的直接信息是指与培训计划直接相关的主体信息,其中包括( )。

A. 组织目标方面的信息　B. 培训需求方面的信息

C. 培训师资方面的信息　D. 培训费用方面的信息

E. 培训对象方面的信息

88. 下列说法中正确的是( )。

A. 内部讲师的好处是成本较低,而且有时比外部讲师优秀

B. 培训的后勤保障需要确保:我们有地方运营该课程(不管在内部或外部)、学员住宿(如果需要的话)

C. 公司通常提前一到两个星期通知培训报名,以便参训人可以安排好他们的时间表,在培训日时有时间参加

D. 公司的评价体系应该要求经理和员工讨论个人的培训需求

E. 系统、全面、到位的培训需求分析是制订年度培训计划首先要做的步骤

89. 重视项目启动的准备工作,其中包括( )。

A. 准备可行的课程计划、装备视听或电脑设备,布置培训环境

B. 让受训者对培训形成一定预期,了解他们当前的专业水平和学习动机

C. “打破坚冰”,让大家相互熟悉并建立起和谐的人际关系

D. 营造一种相互尊重和开放的氛围

E. 对受训者关心或担心的问题表示关注,或者让受训者签署一份学习协议

90. 教案编写是企业培训教学的重要基础工作,教案的关键要素和内容包括( )。

A. 模式设计　B. 导语设计　C. 问题设计　D. 语言设计

E. 结尾设计

91. 微课程在企业培训中的优势包括( )等方面。

A. 学习安排更加灵活　B. 内容针对性强

C. 学习效果良好　D. 学习效率得到提高

E. 易于普及

92. 现代人力资源管理的工作范畴包括人力资源的获得、安置、使用、保障、激励、开发等一系列工作,具体包括( )。

A. 招聘人才　B. 合理使用　C. 培训提高　D. 考核激励

E. 计划分配

93. 大多数企业微课程存在的问题包括( )等。

A. 理念落后　B. 忽视员工的学习需求

C. 忽视“学”的手段管理　D. 缺少全面设计

E. 互动性不够

94. 拓展训练可以使企业实现的培训目标是( )。

A. 使新员工尽快地适应其工作岗位

B. 提高和改善员工提升绩效的意识和能力

C. 提高员工的价值,为承担更多的工作和更大的责任做好准备

D. 提高和增进员工对团队的认同感和归属感,增强团队的稳定性

E. 促进团队的变革与发展,使团队成员更具有生命力和竞争力

95. 企业培训师应具备的素质包括(　　)。

A. 专业精神与职业道德　　B. 教学能力

C. 处理人际关系及技巧的能力　　D. 教材规划、设计与编制的能力

E. 个人魅力

三、是非题(第96～105题,每题1分,共10分。将判断结果填入括号中,正确的填"√",错误的填"×")

(　　)96. 员工基本素质台账是员工总数与男女比例等基本情况,是开发培训项目的核心和最基础性的工作,也是培训工作者的基本工作内容。

(　　)97. 了解培训对象的基本状况是指其工作背景、工作经历、个性特点、年龄结构以及理论知识、技能程度等。

(　　)98. 人力资源开发是使人力资源保值、增值的一项工作。

(　　)99. 团队与群体最大的区别是团队总体绩效大于成员绩效之和。

(　　)100. 拓展训练就是体育活动加游戏,非常有意思。

(　　)101. 培训评估一般采用柯氏四级评估法。

(　　)102. 全面培训质量管理的内涵要求是顾客满意即可,不必兼顾社会受益。

(　　)103. 确定培训需求评价的内容是分析本次培训调查应得到哪些资料,这就是需要调查的内容。

(　　)104. "一段时间,多项技能"的视频案例适合有一定工作经验、尚未成熟的学员。

(　　)105. 马尔科姆·诺尔斯是成人教育界著名的理论家和实践者,其实践经验及理论研究中的成就在成人教育界中具有相当影响,是成人学习理论的代表人物。

第三节 模拟训练题参考答案

一、模拟训练题1

第一部分 职业道德

单选题

1. A 2. B 3. C 4. D 5. D 6. D 7. A 8. B 9. D 10. C

第二部分 理论知识

（一）单选题

11. B 12. B 13. B 14. A 15. A 16. B 17. B 18. A 19. A 20. B 21. D 22. D 23. D 24. B 25. A 26. C 27. A 28. B 29. D 30. C 31. D 32. A 33. A 34. D 35. A 36. B 37. A 38. D 39. A 40. A 41. B 42. B 43. D 44. B 45. C 46. D 47. A 48. D 49. A 50. D 51. B 52. C 53. D 54. A 55. A 56. A 57. A 58. C 59. D 60. A 61. B 62. A 63. B 64. B 65. C 66. D 67. C 68. A 69. D 70. A 71. C 72. A 73. B 74. D 75. A

（二）多选题

76. ABD 77. ABCD 78. AB 79. ABCDE 80. ABCD 81. ABC 82. ABCDE 83. BCDE 84. ABC 85. ABCDE 86. ABCE 87. ABC 88. ACDE 89. ABCDE 90. ABD 91. ABCDE 92. ABD 93. ABC 94. BCDE 95. ABCD

(三)判断题

96. ✓ 97. ✓ 98. × 99. × 100. ✓ 101. ✓ 102. × 103. ✓ 104. × 105. ✓

二、模拟训练题2

第一部分 职业道德

单选题

1. B 2. A 3. A 4. D 5. C 6. C 7. D 8. B 9. C 10. D

第二部分 理论知识

(一)单选题

11. C 12. A 13. A 14. B 15. D 16. B 17. B 18. C 19. B 20. A 21. D 22. A 23. A 24. D 25. C 26. C 27. A 28. B 29. B 30. C 31. B 32. D 33. D 34. C 35. A 36. D 37. B 38. D 39. D 40. C 41. C 42. B 43. B 44. A 45. B 46. B 47. B 48. B 49. B 50. B 51. D 52. D 53. D 54. A 55. B 56. A 57. A 58. C 59. D 60. B 61. C 62. A 63. A 64. D 65. B 66. C 67. B 68. C 69. B 70. B 71. D 72. D 73. A 74. B 75. D

(二)多选题

76. BCD 77. BCD 78. BCDE 79. BCE 80. ACDE 81. ABCDE 82. BCD 83. ABCD 84. ABCD 85. ABC 86. ABC 87. ABE 88. ADE 89. ABCDE 90. ABCDE 91. ABCE 92. ABCD 93. ABCDE 94. ABCDE 95. ABCD

(三)判断题

96. × 97. × 98. ✓ 99. ✓ 100. × 101. ✓ 102. × 103. × 104. ✓ 105. ✓

第四章

企业技能人才自主评价方案编写指导

◆ **培训目的** 掌握企业技能人才自主评价方案(以下简称自主评价方案)写作的具体要求,重点掌握自主评价实施的组织架构、管理流程、制度文件、培训内容、考核内容、质量管理等方面的内容。

◆ **能力要求** 能独立编写自主评价工作方案,协助做好企业自主评价工作的实施。

◆ **引导语** 浙江省自2012年开展企业技能人才自主评价工作以来,深受企业和员工的欢迎。2014年《人力资源和社会保障厅办公厅关于开展技能人才自主评价“321”行动的通知》(浙人办发〔2014〕90号)文件要求,通过培育一支企业培训师队伍做好自主评价工作,到2016年年底发展30000家企业(行业协会)开展技能人才自主评价工作,推动技能人才培养,为经济发展提供强有力的人才保障。自主评价方案是企业实施自主评价工作的基础,对自主评价工作的有效性具有重要的作用。如果缺少自主评价方案写作能力、不了解自主评价的工作流程与管理要点,企业自主评价工作必然难以开展。因此,对于开展自主评价的企业(行业协会)和刚入门的企业培训师而言,首先应该了解自主评价方案写作的基本方法,进而提升自主评价方案写作能力,通过编写方案掌握评价工作流程和要点。

引导案例

自主评价工作方案竟然是差评

浙江省开展技能人才自主评价“321”行动——企业培训师培训及考核的消息一公布,小刘的人力资源朋友圈里就刷爆了屏。本来他还是非常淡定的,毕竟大学期间和参加工作后,大大小小的职业资格证书攒了一堆。当地首届培训师培训结束,看到很多朋友通过考试后兴高采烈地晒证书,假装低调地讨论如何提升培训技能,一副职业生涯驶上了高架桥一般通畅光明的样子,他不禁暗自着急。正要打听当地何时再开班时,人力资源总监把他叫到办公室:“小刘,最近连规模和效益不如我们公司的几个企业都开展了自主评价工作,听说技能员工积极性上来了,流失率降低了,工作效率也提高了,我们老板也坐不住了。我已经给你报名了,参加第二期培训,回来咱们也好好抓抓自主评价!”小刘满口答应,恨不得像春天的小鸟一样放声歌唱。

培训班里人才济济,还建立了QQ群、微信群,小刘认真学习了几天,收获很大。到了讲解自主评价方案的最后几天,一是工作忙,二是打算借鉴第一期毕业的铁哥们小张的主案,几番纠结之后,他毅然选择了请假。提交方案的前一天,他向小张提出了借鉴的想法。小张果然够意思,以秒杀的速度发来了自己的方案。小刘坐在电脑前在小张方案的Word文档上,潇洒自如地更换了公司名称、工种,又加进本公司的几个人力资源文件,大功告成。

提交到人力资源部李经理那里,李经理看着30多页的文档,连声说:“辛苦了! 辛苦了!”鉴于自主评价工作的重要性和影响面,他非常谨慎,提议把方案给技术部门和一线的老师傅等实战经验丰富的员工召集过来开个会,一起看看,提提意见。小刘信心十足地找来了相关岗位上的十多名员工、班组长,不料3分钟的套话之后,大家就不客气了,火力全开。有说工种没选好的,“全公司维修工总共才8个人,为他们做自主评价,我们数控操作工两百多人怎么办?”有说等级标准可笑的,“按你这标准,我早是最高级了!”虽然小刘心里嘀咕:“你咋不上天呢?”但是他也明白:在会议室里,老师傅们已经够客气了,如果在车间里,他们肯定是开骂了。看到李经理的脸色凝重,小刘浑身都是冷汗:这回是偷鸡不成蚀把米了。

会议结束后,李经理一如既往地和气:“幸亏今天开会了,小范围内收集到这么多意见。总监早就在催了,你赶快修改还来得及。”小刘连连点头,走出会议室后第一件事就是给小张打电话:“你那个自主评价工作方案怎么写出来的?”听小张说了从参加培训、一线调研和反复修改等艰苦的过程后,他不禁感叹:“没想到这方案的学问这么大啊!我得认真学习、扎实准备才能顺利过关啊!”

第一节　自主评价方案写作的意义及要求

一、自主评价方案写作的意义

自主评价方案写作顺应了当今技能人才发展的潮流,符合国家、企业、技能人才和培训师发展的多方面需要,具有重要意义。

1. 国家战略转型的重大需要

自德国提出“工业4.0”之后,中国也制定了“制造2025规划”,被业界称为“中国版工业4.0”。与前三次工业革命相比,工业4.0对人才尤其是技能人才素质提出了更高的要求。放眼世界,每个制造强国一定是人才强国,因此可以预言,如果没有技能人才素质的全面提升作为保障和支撑,工业4.0战略不过是辉煌的空中楼阁而已。

目前,我国制造业面临着发达国家和其他发展中国家“双向挤压”的严峻挑战,在中低端领域的竞争优势不再明显。中国是在工业2.0、3.0和4.0同时推动的情况下,要实现传统产业的转型升级,还要实现在高端领域的跨越式发展,任务比德国实现工业4.0更加复杂。因此,迫切需要制定一套符合企业个性化需求的人才定制化培养模式,积极发挥企业及行业的主体作用,通过自主培养、自主评价、自主发展的方式培养造就高素质的技能人才队伍,将国家产业战略落实到每个企业和行业。因此,制定一套切实可行、有效的自主评价方案,具有重要的工作意义。

2. 企业转型升级的迫切需要

我国企业普遍存在的问题是:人才匮乏,技术力量薄弱;自主创新能力弱,以企业为主体的制造业创新体系不完善,产品缺乏创新可持续能力,无法适应云计算、物联网、移动互联网、新一代移动通信等新兴业态的发展。大多数企业处于信息化的起步阶段,进一步优化流程、提高综合集成应用能力的任务艰巨。

在经济形势压力下,企业转型升级的需求更为迫切。很多企业渴望从传统的机械加工向自动化、智能化方向发展,并且想要研发出独立知识产权的产品。然而,真正懂技术、会研发、懂管理的人才太少,成为制约企业转型升级的短板。如果不能解决技能人才的数量和质量问题,转型升级之路将倍加艰难。因此,企业迫切需要以自主培养、自主评价为发动机,建设技能型人才队伍,推动企业转型升级的成功。

3. 技能型人才的发展和成长的客观要求

技能型人才普遍面临的问题表现为:成长路径选择不多,上升通道不畅,社会认可度不高,未来前景不明。因此,他们迫切需要更好的发展通道和成长空间。

工业4.0时代,高端技术的研发离不开大批掌握高端、前沿技术的专业技术人员,高端产品的制造离不开大量既掌握系统理论知识,又能转化先进技术的高级技师和工程师。因此,技能人才需要对照工业4.0的要求不断提升自己,不仅可以为未来提前做好准备,而且是适应“机器换人”、向新型的高端服务岗位转移的必要。因此,他们迫切需要从自主评价工作中,看到自己成长的愿景和路径,安心本职工作,潜心钻研技能,为企业和个人创造更加美好的未来。

4. 培训师提升能力、展示才干的宝贵机会

浙江省人力资源和社会保障厅于2014年8月28日下发的《浙江省技能人才自主评价办法(试行)》(以下简称《评价办法》)中指出:“为加快完善职业技能鉴定体系,深化企业(行业)技能人才自主评价工作,切实解决技能人才评价与生产实践结合不够紧密、企业(行业)在技能人才培养中主体作用发挥不够充分等问题,制定本办法。”该文件简明扼要地说明技能人才自主评价的重要性和迫切性,同时,它也是今后技能人才培养的主要方向。

正如“321”行动所言,为落实好这项工作,需要大量了解企业实际情况、专业能力突出的人才,提供符合企业实际情况的自主评价方案,从而促进企业人力资源开发和培训考核工作。这为培训师提供了提升能力、展示才干的宝贵机会:培训师不仅可以通过为企业员工提供专业课程,而且还可以通过自主评价方案帮助人力资源部门甚至公司老板解决技能人才方面的重大问题,无疑开辟了一个崭新而广阔的舞台。培训师不仅可以更加深入地了解企业一线员工的需求,为课程积累丰富的第一手资料,而且可以提升发现问题、分析问题和解决问题的综合能力。总而言之,一份成功的自主评价方案,不仅可以为企业带来巨大的经济和社会效益,而且将成为培训师成为职业生涯的亮点,为今后的发展奠定坚实的基础。

二、自主评价方案写作的要求

1. 自主评价方案写作的基本原则

(1) 针对性。自主评价工作方案必须针对企业当前的实际情况,尤其是技能人才队伍的实际情况,发现问题、分析原因并解决问题。切忌照搬照抄国家职业技能标准,或者直接照搬其他企业的方案,而脱离企业的实际情况。原因非常简单:无论是国家职业技能标准,还是其他企业,在技能人才队伍的数量、质量、结构以及企业的生产、技术装备等方面,都有明显不同。如果盲目照搬,而不是对症下药,则无法解决本企业的技能人才队伍困难,自主评价工作方案将成为一纸空文。

（2）实用性。自主评价工作方案须建立在企业的真实需求之上，真正帮助企业解决问题。因此，在自主评价工作方案的写作过程中，不必追求高大上，而是要接地气，符合企业的真实水平和技能人才队伍成长的需要，能够在本企业得到实施，并得到一线技能员工的支持和认可。

（3）指导性。自主评价工作方案是企业实施自主评价工作的指导手册。一个好的自主评价工作方案，就是企业技能人才队伍建设的药方，它可以指导人力资源部门出台相关政策，培养和促进技能人才队伍不断发展壮大，并为企业做出更大的贡献。

（4）有效性。自主评价工作方案的质量好坏和作用大小，不是看方案文档多么漂亮，配套文件多么具体，而是看是否真正推动了企业实施自主评价工作，并为企业带来实实在在的效益。应当力求促进本企业技能人才的技能水平、职业素养、团队合作、企业凝聚力等方面的提高，比如相关工种企业技能人才是否感觉在企业中更有奔头和希望？相应的工作积极性是否上升？流失率是否下降？如果达不到这样的水平，说明方案的作用仍然是有限的，这降低了自主评价工作的价值，也违背了开展技能人才自主评价工作的初衷。

2. 自主评价方案写作的流程

自主评价方案写作，既不能一蹴而就，更不能依靠在办公室里苦思冥想完成，而是需要做好充分准备，认真完成以下8个步骤：

（1）全面调研。由于自主评价工作的重要性和对员工，尤其是一线员工的影响非常大，因此在决定写作自主评价方案之初，必须深入生产一线进行调研。要认真听取员工，尤其是一线的老师傅等实战经验丰富的员工意见，并征求生产技术部门领导的意见和建议，避免因选择错误的工种或者错误的技能等级标准，而无法实施。

（2）职业分析。在全面调研的基础上，对企业的主要职业进行分析，组织企业内外技术专家、管理专家和一线工作者通过职业分析梳理出企业某一岗位的工作要求。基本标准是“重要而紧急”。所谓重要，是指对企业生产经营和发展而言影响重大的；所谓紧急，是指这些职业领域和岗位的技能人才，面临质量或数量或发展前景等方面的困难，迫切需要解决。通过这样的职业分析，最终选择符合标准的职业工种作为方案研究的对象。

（3）部门协作。由于自主评价方案写作的涉及面广，在制定技能等级标准时也需要了解很多生产经营领域的专业知识。尤其是写作一线生产类工种，即使是学过相关专业的培训师，对相关领域的理解也未必非常到位，需要生产和技术部门的指导和帮助。而且写作的每个步骤，也都需要调用其他部门的人员和资源，必须得到其他部门的支持与配合。

（4）初步方案。完成上述3个步骤后，就可以起草初步方案了。此时，需要深入研究省市的各级技能人才培养政策文件，以及本企业人力资源方面的相关文件，从中选择与自主评价工作密切相关的内容，纳入自主评价方案中，完成自主评价方案的初稿。

（5）方案修改。自主评价方案的初稿完成后，由于专业隔阂和时间限制等原因，必然存在很多需要改进之处。此时，可以参照引导案例的方法，以座谈会、专题讨论等形式，将方案初稿交给技术部门和一线的老师傅等实战经验丰富的员工，请他们提出意见。经过这个过程，不但方案会更加完善，而且实施以后遇到的阻力也会减小。

（6）方案实施。经过修改的方案，可以报请人力资源部门领导审阅，如果通过，并得到公司高管的许可，即可正式发布。而发布只是万里长征的第一步，为保证方案得到落实，要进行一系列的宣传、培训、考核等工作。这些工作的好坏，决定了自主评价方案的价值是否能够真正实现。

（7）配套推进。在自主评价方案中，会涉及一些配套政策的制定，尤其是激励方面的政策。这是广大员工最关注的，因为与他们的切身利益密切相关。每个配套文件的制定，都需要得到人力资源等部门的支持，也同样需要认真扎实、细致周到地完成。

（8）动态改进。在自主评价方案的实施过程中，会不断遇到新的问题和挑战，也会收到很多有益的意见和建议。为了提高自主评价工作的满意度和成效，应当以持续改进的思想，继续深入思考更好的解决方法，不断总结经验教训，不断完善方案的内容，为企业自主评价工作提供更大的动力。

第二节　自主评价方案的结构及评价标准

一、自主评价方案的结构

自主评价方案写作的关键是:以清晰的思路,总结实际工作经验,解决企业技能人才队伍建设的难题,满足自主评价工作的需要。自主评价方案主要分为引言、工作体系和技术体系3个模块,下面将一一进行介绍。

1. 引言

在引言中,应当提出自主评价方案的目的和意义。可从促进本企业技能型人才的技能水平、职业素养、团队合作精神、企业凝聚力等方面的提高角度,阐述自主评价方案的价值。写作中,要突出针对性、实用性和有效性。例如,可以针对所选择的工种,分析企业现有的技能型人才的数量、结构等方面存在的问题,以数据来证明自主评价方案能够为多少员工带来职业发展的福音,充分显示自主评价方案的重大意义。

语言要尽量简洁、清楚,围绕企业技能型人才的数量、结构等方面真实存在的问题展开,避免过多的套话和官腔。例如,下面一段就是过于追求文字功夫,而没有突出存在问题的典型:

"企业技能型人才评价标准化体系是以企业人力资源管理体系为依托,以国家职业标准为依据,以岗位职业标准为基础,以企业技能人才的职业能力建设为核心,为企业提供规范化的评价工作流程和工作内容,对职工的职业能力、工作业绩、职业道德等内容进行综合评价的考核鉴定机制。建立人才评价体系是对公司人才进行客观的评价,通过评价,准确掌握人力资源数量、质量,为公司人才发展、人才使用、人才储备提供可靠的依据,现实人力资源统筹配置、人力资本不断增值,更好地为公司的发展提供人力资源支持。"

"本方案在编写的过程中紧密围绕公司人才发展规划,并结合国家职业标准与培训考核要求，公司'企业技能人才评价标准化体系建设基地'决定按初级、中级、高级、技师、高级技师5个层级进行人员评价，并紧紧围绕公司长远发展规划要求，多渠道、多形式地自主培养高技能人才；有计划、有重点地培养岗位紧缺的高技能人才，加快我企业高技能人才总量增长和结构优化。"

"本方案由公司人力资源部起草，生产部、技术部提出修改意见。由人力资源部归口管理。"

在上述的3段文字中，虽然文采气势均属上乘，但真正有价值的信息，只有五个层级和部门分工。而下面这段文字则简洁、清楚，突出了问题导向。

"××有限公司是中国特大型民营企业——HH集团旗下的全资控股子公司，主要从事AB产品的生产和销售。现有员工600余人，其中直接从事本评价方案工种的生产操作员工有214人。214人中，只有12人有高级技能证书，25人有中级技能证书，其他全部为初级或以下证书。因此，员工普遍存在技能等级偏低、职业发展前景不明、工作积极性差等问题。而客户对产品的成本和品质要求越来越高，现有员工的技能水平无法满足客户要求，严重影响了企业效益和形象，而企业也面临招工难、留人更难的困境。通过自主评价，既可以提高员工的操作技能水平，又可以有效激励员工通过技能晋级来不断提高自己的待遇和地位，并最终达到制度留人、待遇留人的目的。"

2. 工作体系

工作体系主要说明开展自主评价工作的工作机制，即为开展自主评价，应当从机构、人员和制度流程等方面建立提供支撑性的工作文件。

按照《评价办法》第十三条，自主评价方案中的工作体系主要分为以下几个部分：

（1）组织机构。方案应当说明是否成立相关的机构，包括自主评价工作领导小组、技能评价委员会等，落实对外对内的组织管理工作。

（2）人员安排（含专家队伍）。主要说明哪些人员参与、他们承担什么职责。必须具体到人，最好由企业的高管挂帅，并有企业生产、技术、人力资源等与自主评价密切相关的职能部门经理参加。这样可以提高工作的组织协调能力以及方案的合法性和说服力，预示方案将会在企业中真正得到推行。

（3）制度。已经建立或准备建立的评价管理制度、操作要求，如专家队伍的管理和要求、报名管理、培训管理、考评管理、薪酬业绩与技能等级晋升考核管理等制度文件。薪酬业绩与技能等级晋升也是公司领导和员工最关注的部分之一。例如,表4-1所示为某方案提出的技能等级与技能工资薪酬考核表。

表4-1 某方案提出的技能等级与技能工资薪酬考核表

序号	职称	技能等级	薪酬(元/月)							可任职资格
			技能系数	技能工资	绩效工资	工龄工资	全勤工资		合计	
1	高级技师(12年以上)	A	6.1	6100						副经理及以上
2		B	5.1	5100						
3		C	4.6	4600						
4		D	4.1	4100						

(4)工作流程。评价工作的时间安排、流程步骤、工作节点等的路线图包括实施方案、公布实施计划、组织报名、材料审核、工作业绩考核、公示、培训、理论考试、操作类考评、成绩公示、证书核发等流程。表4-2所示为某集团技能人才培训考核工作安排表。

表4-2 ××集团技能人才培训考核工作安排表

序号	工作内容	工作目标	责任人	进度安排			
				7月	8月	9月	10月
1	计划	审定方案、下达计划	人力资源部	→			
2	报名管理	宣传发动、组织报名 审核上报人员资料	园区分厂 人力资源部	→	→		
3	技术准备	培训内容、老师安排、课件审定 考评内容、考试用卷编制上报审定	培训组、专家组 人力资源部	→	→		
4	培训组织	根据计划组织开展培训,做好培训过程监督	人力资源部 讲师		→	→	
5	业绩考核	所在单位对学员近一年的工作业绩进行考核	园区分厂 人力资源部		→	→	

续表

序号	工作内容	工作目标	责任人	进度安排			
				7月	8月	9月	10月
6	理论考核	确定理论试卷,安排考务人员、学员开展理论考试	人力资源部 园区分厂			→	
7	实践考核	确定技能操作用卷,评分标准、考评人员、场地物件准备,组织开技能类考试	人力资源部 园区分厂			→	→
8	成绩管理公示结果	统计审定成绩,公示考核结果	人力资源部 园区分厂			→	→
9	证书申请	提交人力资源管理部门,申请证书	人力资源部 鉴定中心			→	→
10	工作总结	总结报告与改善计划	人力资源部 园区分厂			→	→

实践中,也可根据企业情况,对上述流程进行调整,但工作内容必须全部包含在内。例如,可将自主评价工作分为以下5个阶段进行:

第一阶段,组织发动。积极做好技能鉴定工作的宣传,让员工充分认识到技能学习、技能培训、技能鉴定工作的重要意义,从思想和行动上重视技能培训、鉴定工作。

第二阶段,技能培训。制订详细具体的、形式多样的、有针对性的技能工种培训计划,教学模式要求采取专业教师授课、案例分析、现场教学等多种模式,以保证培训的效果。

第三阶段,技能考核。技能考核是对员工技能水平的测试与认证,一般由理论考试和实践考试两部分组成。

第四阶段,总结提高。技能评价委员会要组织各部门相关人员在技能鉴定工作完毕后对技能鉴定工作进行总结,并做好鉴定工作的经验交流。要不断总结企业技能人才自主评价的工作经验,按照戴明循环的步骤,不断完善企业技能人才评价标准化体系。

第五阶段,体系保障。创造性地开展员工技能教育和人才培养平台,争取技能鉴定有成就,自主评价有改善,人才目标有实现,工艺技术有创新。

3. 技术体系

技术体系主要说明自主评价职业(岗位)的名称、等级设置、报名条件、培训内容、评价内容、业绩考核要求、评价标准等具体要求,即对参评对象做出具体的学什么、考什么、如何考核、达到何种水平、谁管理、谁考核、什么时间段等说明。这是自主评价方案的核心部分,是体现方案价值和培训师水准的重点,也是最需要投入时间、精力的部分。技术体系主要分为以下几个部分:

(1) 职业(工种)名称。自主评价方案的职业(工种)选择是整个自主评价工作定位的第一步,也是至关重要的决策,因为它决定了后续所有工作的方向是否正确。为了说明该方案评价的到底是什么职业,职业名称应当非常明确具体,如数控机床操作工、机修钳工等。

第一,根据人力资源规划、本企业生产、员工职业发展的需要,选择重要的、普遍性的,或个性化需求突出的职业工种。例如,对企业而言,哪些岗位技能人才数量较多,或者长期得不到合理使用而造成了人才积压、断档和流失?哪些技能人才是企业紧缺的,需要以新的措施来吸引人才、留住人才?综合考虑后,可以选择一个职业(工种)作为评价方案的写作对象。

第二,对照政策文件要求,企业人才一般划分为技能型人才、专业技术人员、管理人才等几大类,自主评价仅适用技能型人才的培养。根据《评价办法》中的第七条,技能型人才自主评价的职业(工种)范围如下:

①列入《中华人民共和国职业分类大典》的技能类职业(工种)。

②尚未列入《中华人民共和国职业分类大典》,但属浙江省产业所需的职业(工种),由浙江省人力资源和社会保障厅组织开发职业技能标准并发布的。

③全国、全省统考职业按有关规定执行。

因此,企业要开展自主评价的职业(工种),必须选择在《中华人民共和国职业分类大典》(2015年版)中有名称的技能类职业。

(2) 标准内容。如果有现成的国家职业标准,可以引用,也可以根据行业、企业和岗位的情况做出少量修改。如果没有现成的国家职业标准,可以组织专家建立《企业岗位标准》,但因为涉及岗位各个等级非常详细的知识技能要求,所以工作量巨大。因此,需要考虑专家队伍的工作能力、时间投入等因素。

说明:各等级的工作要求可参考有关国家职业标准、行业标准、企业内岗位说明书,组织企业内技术专家、管理专家和一线资深操作者,通过职业分析梳理出本企业某职业(岗位)的工作要求。这是考验培训师是否了解该岗位的部分,必须高度重视。

基本原则是:第一,注意同一岗位各等级的难度和宽度,根据生产、技术要求的不同而设置等级,既便于将同一岗位不同水平的员工之间的等级区别开,又能让员工看到岗位晋级的希望。第二,注意做好横向比较的一致性,同一岗位标准不要与行业内其他公司的标准差距过大。第三,要按照岗位工作的主要职责,详细规定相应的技能标准。

(3) 参评对象(报名条件)。规定本企业员工参加自主评价的资格条件等要求。可根据《评价办法》的基本要求,结合公司实际,做出更加详细的要求。

《评价办法》第二章第五条、第六条明确了企业行业开展自主评价工作的资质要求。第八条明确了企业自主评价的参评对象。第九条明确了行业协会(学会)评价对象及报名管理要求,提出了自主评价的单位应建立技能人才培养、使用和激励相互衔接的工作机制,有切实可行的工资制度和奖惩措施等要求。第十条明确了5个申报条件:一是所有参评人员所申报的职业(工种)应与本人的实际岗位一致;二是初级工和中级工的职业资格申报条件由企业(行业)自主确定;三是高级工及以上的职业资格申报条件仍按《浙江省劳动和社会保障厅关于进一步完善高技能人才评价工作的若干意见》(浙劳社培〔2006〕122号)文件规定执行;四是特别优秀的参评人员在申报高级工职业资格时可适当放宽条件,但其从事本职业工种的时间不得少于8年;五是破格申报名单须报所在地职业技能鉴定机构认可。

例:某企业给自主评价员工的自主评价报名要求做出了细致的规定。否决申报、正常申报、破格申报条件如下:

①具备以下条件之一的资格审查时予以否决申报。

a. 申报前1年度内发生安全事故的员工或责任人。

b. 申报前1年度内发生环保事故的责任人。

c. 申报前1年度内发生质量事故的责任人。

d. 申报前1年度平均绩效考核低于70分的。

e. 申报前1年内有旷工或事假、病假天数累计超过30天的。

f. 申报前1年内有违反公司(部门、车间)各项规定行为拒不承认或拒不改正的。

g. 申报前6个月内有2次以上上违反公司(部门、车间)规章制度的。

h. 申报前6个月内存在其他不良记录的。

i. 培训积分达不到相应等级申报要求最低规定的。(破格申报除外)

j. 在评定的过程中有违纪、违法、舞弊行为的申报对象立即取消申报资格,且两年内不得申报。

k. 其他公司评价委员会认为不符合申报条件的。

②正常申报条件。

初级工(五级),培训积分满30分,符合以下条件之一的可予以申报:

a. 在本公司连续从事申报工种满9个月。

b. 累计从事申报工种满1年半。

c. 取得以初级技能为培养目标的中等以上职业学校本工种技能等级证书,连续从事申报工种工作满6个月。

d. 大专及以上学历连续从事申报工种满3个月。

中级工(四级),培训积分满70分,符合以下条件之一的可予以申报:

a. 在本公司连续从事申报工种满2年。

b. 累计从事申报工种满4年。

c. 取得以中级技能为培养目标的中等以上职业学校本工种技能等级证书,连续从事申报工种工作满1年。

d. 大专及以上学历连续从事申报工种满1年。

e. 取得本申报工种初级工等级后从事本工种满1年,因公司原因导致工种变化的原工种工作年限可予以认可。

f. 取得本专业技术员职称的。

高级工(三级),培训积分满120分,符合以下条件之一的可予以申报:

a. 在本公司连续从事申报工种满5年。

b. 累计从事申报工种满10年。

c. 取得非本公司评定的本工种高级工等级证书,连续从事申报工种工作满2年。

d. 大专及以上学历连续从事申报工种满3年。

e. 取得本申报工种中级工等级后从事本工种满3年,因公司原因导致工种变化的原工种工作年限可予以认可。

f. 取得本专业助理工程师职称经公司认可的。

技师(二级),培训积分满200分,符合以下条件之一的可予以申报:

a. 在本公司连续从事申报工种满6年。

b. 累计从事申报工种满13年。

c. 大专及以上学历连续从事申报工种满6年。

d. 取得本申报工种高级工等级后从事本工种满3年,因公司原因导致工种变化的原工种工作年限可予以认可。

e. 取得本专业工程师职称经本公司认可的。

高级技师(一级),培训积分满350分,符合以下条件之一的可予以申报:

a. 连续从事申报工种满20年。

b. 累计从事申报工种满22年。

c. 大专及以上学历连续从事申报工种满16年。

d. 取得本申报工种技师等级后从事本工种满8年,因公司原因导致工种变化的原工种工作年限可予以认可。

e. 取得本专业高级工程师职称经公司认可的。

③破格申报条件。符合下述条件且无否决情形的可破格直接申报高级工、技师、高级技师。

破格申报高级工(三级),符合以下条件之一的可予以破格申报:

a. 获得地市级与公司工种相关行业技能竞赛前六名的。

b. 获得县(市)级与公司工种相关行业技能竞赛前三名的。

c. 获得县市级及以上技术能手称号、劳动模范、劳动奖章荣誉的。

d. 县市级及以上技术创新、发明、创造、应用获奖的主要完成人员。

e. 能解决本工种高难度的技术操作、产品技术、产品质量问题,在技术改造、工艺革新、技术攻关等方面有较大突破或较大成果的参与者。

f. 公司认为其他可予以破格的情形。

破格申报技师(二级),符合以下条件之一的可予以破格申报:

a. 获得国家级、省级与公司工种相关行业技能竞赛名次的。

b. 获得地市级与公司工种相关行业技能竞赛前三名的。

c. 2次以上获得县(市)级与公司工种相关行业技能竞赛第一名的。

d. 获得地市级及以上技术能手称号、劳动模范、劳动奖章荣誉的。

e. 地市级及以上技术创新、发明、创造、应用获奖的主要完成人员。

f. 能解决本工种高难度技术操作、产品技术、产品质量问题,在技术改造、工艺革新、技术攻关等方面有较大突破或较大成果的主要参与者。

g. 公司认为其他可予以破格的情形。

破格申报高级技师(一级),符合以下条件之一的可予以破格申报:

a. 获得国家级与公司工种相关行业技能竞赛名次的。

b. 获得省级与公司工种相关行业技能竞赛前三名的。

c. 2次以上获得地市级与公司工种相关行业技能竞赛第一名的。

d. 获得省级及以上技术能手称号、劳动模范、劳动奖章荣誉的。

e. 省级及以上技术创新、发明、创造、应用获奖的主要完成人员。

f. 能解决本工种复杂的技术操作、产品技术、产品质量问题,在技术改造、工艺革新、技术攻关、新产品开发等方面有重大突破或重大成果的主要参与者。

g. 公司认为其他可予以破格的情形。

(4) 审核程序。

a. 员工申请—部门初审—人力资源核实、审批(破格申报由总经理审批)—考评实施。

b. 申报员工对照申请条件向所在部门提交申请。

c. 申报员工的所属部门经班长、车间主任、经理、一级部门负责人进行逐级审核;环保、品管等部门协助审核。

d. 部门审核通过后由人力资源部负责核实、审批;破格申报由人力资源部报总经理审批。

e. 经人力资源部核实、审批通过后,组织技能人才自主评价组依据公司技能评价标准等规定组织实施评价。

(5) 培训安排。可根据以下8个部分进行撰写,但内容不必完全展开,只要简要地说明培训的关键信息即可。八个部分是目的、培训对象、培训目标、具体内容、组织形式、时间安排、费用估算、评估方式。

(6) 考试用卷。根据《评价办法》中的第四点,评价实施单位可自行组织专家建立题库,考题可按“1+X”形式组成(“1”为企业行业题库,“X”为国家或省题库)。其中,评价实施单位自主命题的试题比例原则上不得超过国家或省题库中试题的70%。对于尚未建立国家或省试题库的职业(工种),评价实施单位自主命题的试题库(包括考核评分表)应报当地职业技能鉴定机构认可。考试用卷的工作量巨大,专业水平要求很强,试题量必须很多,至少需要3套考试用卷,因此,需要考虑专家队伍的工作能力和时间投入等因素。根据企业及人员的现状,既要考虑发展的需要,注重技术难度,也要注意兼顾本公司员工的素质和水平,尤其在理论与实操部分的比例分配方面,要具有合理性和可行性。试卷和评分标准如果较长,可放在附件中。

(7) 评价与管理。主要解决考核哪几个模块以及如何进行考核评价。例如,某方案规定如下。

技能等级评定考核模块:包括基础知识考核、工作绩效、技能操作、综合评审,综合评审主要针对申报二级和一级的人员。

基础知识考核:以“1+X”形式组织考试用题。其中,“1”为国家(行业)题库;“X”为企业根据企业要求、岗位要求自行组织发散性试题,如生产技术要求、产品质量要求、安全生产、班组管理类等方面内容。试题提交鉴定中心审定后使用,考核的内容以采用笔试闭卷方式进行,满分为100分。

岗位技能等级评定分值 = Σ(工作绩效得分×20%+技能操作得分×80%)+加分(扣分)项

工作绩效得分、实际操作考核满分均为100分,两项均达到60%比例以上者为合格,其中有一项达不到60%者为不合格。

对于文化水平较低者,报考等级较低的,可采用口头提问的方式进行理论考试,技能评定委员会审核后代替理论考试的分数。

(8) 质量管理。根据《浙江省技能人才自主评价监督管理暂行办法》(浙人社发〔2015〕122号)的规定:

第四条　技能人才自主评价监督管理要坚持“内部监督与外部监督相结合、事中督导与事后监督相衔接、制度约束与流程管理相配套”的原则。

第八条　符合《浙江省技能人才自主评价办法(试行)》资格条件的评价实施单位按照隶属关系与所属鉴定机构签订《技能人才自主评价质量管理协议》,协议应当明确鉴定机构和评价实施单位的权利与义务,约束、规范评价行为。

企业开展自主评价工作质量管理主要分为以下几方面:

一是制度与人员管理。企业内建立内部质量监控机制,建立内督人员队伍、专家队伍、考评队伍的工作队伍、落实工作职责。实行考培分离,培训教师不得从事命题、考评等工作。督导人员在考试结束后3日内向评价委员会提交《现场督导报告》,《现场督导报告》作为证书核发的依据之一。

二是考试用卷管理。应严格执行试卷保密制度。企业于自主评价实施前20个工作日将自主评价内容、考评组成员、评价方式等报所属鉴定机构,经专家审核后实施评价。

三是公示管理。企业实行考前公示制度,在鉴定评价前将考生信息、资格审查情况及业绩材料在单位内进行公示,公示期为5个工作日。要认真核查公示中反映的问题,经查实,不符合申报条件的,取消其本次评价资格。

四是过程管理。企业在实施技能人才自主评价的过程中强化考场管理,对级别高的职业等级实行全程视频录像,发现违纪违规行为,立即制止,根据具体情况按规定予以处理;评卷工作规范组织专人阅卷,在考试结束后5个工作日内,将经考评组长和实施机构负责人签字确认后的技能、综合成绩报当地鉴定机构审核。

五是监督评估管理。应设立内部监督投诉电话,聘请纪检、工会等部门全程监督评价过程,落实企业技能人才薪酬制度情况。开展自主评价情况进行检查评估。同时,接受上级鉴定机构的监督和指导。

二、自主评价方案的评价标准

自主评价体系方案评分标准参考表4－3。

表4-3　自主评价体系方案评分标准

序　号	评分内容	分　值	评分标准
1	封面与字体	2	不符合规范,扣分
2	目录	1	不符合规范,扣分
3	评价目的与目标	2	针对性差、套话过多,扣分
4	成立执行机构、建立评价队伍	10	分工不明确、内容不完善,扣分

续表

序号	评分内容	分值	评分标准
5	组织管理流程与要求	10	分工不明确、内容不完善,扣分
6	职业(工种岗位)标准	10	格式不对,扣1分,考评标准不完善,扣分
7	考核评价内容与标准	20	内容齐全,难度、宽度适度,配套表格完善
8	培训组织与管理	15	内容齐全,难度、宽度适度,配套表格完善
9	考核评价的组织与管理制度	10	内容、格式、表格不完整,均扣1分
10	薪酬业绩考核挂钩管理办法	10	考核办法完善程度、系统化程度不够,酌情扣分
11	管理制度	10	管理完善程度、事后处理情况不够,酌情扣分

自主评价方案写作完成后,也可根据表4-4进行自查。如果所有问题在方案中均有体现,则说明方案的内容没有缺失,否则需要进一步补充。

表4-4 自主评价方案要素自查表

类别	要素	说明
7W	Why	目的与意义
	Which	什么工种,什么形式
	Whom	对象、评价谁,提高谁
	Who	谁组织,谁做技术,谁做管理
	What	评价内容和评价标准
	When	实施时间、完成时间
	Where	评价地点、实施点
3H	How	怎样推进,如何实现戴明循环步骤
	How much	成本与收益?
	How long	总项目时间、分项目时间
1R	Result	态度、技能、行为、绩效改善程度

第五章

自主评价实施方案实例

◆ **引导语** 本章提供的企业自主评价实施方案，是企业正式出台的自主评价文件，甚至是一套文件体系。相对于培训师为获取资格证书提交的方案，内容会更加全面，措施会更加具体。由于企业之间的特点不同，因此体例、格式也不同。但是都全面规定了本企业实施自主评价工作所涉及的具体内容，具有较大的借鉴价值。本章的主要目的是为了方便助理培训师在实际工作中制定本企业的自主评价实施方案。

第一节 ××有限公司AA工自主评价方案

一、引言

××有限公司，是中国特大型民营企业——B集团旗下的全资控股子公司，主要从事TT的生产和销售。现有员工600余人，直接从事生产的操作员工有400余人，其中直接从事本评价方案工种的生产操作员工有214人。214人中，只有12人有高级技能证书，25人有中级技能证书，其他全部为初级或以下证书。因此，员工普遍存在技能等级偏低、职业发展前景不明、工作积极性差等问题。

TT产品的应用领域十分广泛，在汽车、橡胶、航空航天、食品、制药、制鞋等领域均有广泛的应用。近几年来，国内生产TT的企业发展迅猛，产能出现过剩，市场竞争剧烈。我公司进入TT行业相对较早，从1992年成立以来就一直坚持以质量取胜经营思路，由于公司生产的TT产品质量过硬，在行业内具有良好的口碑，并在激烈的市场竞争中仍然保持稳定的发展态势，但也存在以下两方面问题：一方面，随着市场竞争的加剧，客户对产品的成本和品质要求就随之越来越高，因此，只有通过不断提高生产操作人员的技能水平，达到降低生产成本、提高产品质量，才能不断增强市场竞争能力；另一方面，随着市场经济的不断发展，特别是周边地区企业规模的不断发展和扩大，招工难、留人更难成为公司的工作难点，并且已经逐步影响到企业的正常、有序发展。稳定员工队伍，尤其是稳定生产操作人员队伍已经成为企业发展的头等大事。因此，开展AA工的自主评价就显得尤为重要。通过自主评价，既可以有效提高AA工的操作技能水平，生产出更多更好的优质产品，又可以有效激励AA工通过技能晋级来不断提高自己的收入水平和在企业中的地位，并最终达到制度留人、待遇留人的目的。

二、工作体系

1. 组织机构

为有效、有序开展公司的AA工自主评价工作，切实提高AA工的操作技能水平，公司成立AA工自主评价工作领导小组及技能评价委员会。

（1）自主评价工作领导小组。

组长：1人。

副组长：1人。

成员：共7人。

自主评价工作领导小组的工作职责：主动与市人力资源和社会保障局进行联系与沟通，积极争取有关政策并予以落实；加强对AA工自主评价工作的组织领导，确保AA工自主评价工作的有序、有效开展；组织、指导、协调技能评价委员会开展评价工作。

（2）技能评价委员会。

主任:1人。

副主任:1人。

成员:共七人。

技能评价委员会的工作职责:服从自主评价工作领导小组的工作安排,严格按照自主评价标准对AA工进行评价定级;秉持公平、公正、公开原则,有序开展AA工评价定级工作;自觉接受有关单位及人员的监督。

2. 人员安排

AA工的评价定级由公司技能评价委员会承担,技能评价委员会人员、专业特长及承担主要工作任务安排情况如下:

(1) 负责理论知识考核。

外邀市有关专家:(由市人力资源和社会保障局委派)。

公司成员:共5人。

(2) 负责操作技能考核。

外邀市有关专家:(由市人力资源和社会保障局委派)。

公司成员:共5人。

同时,每组根据需要再安排适当数量的工作人员予以配合。

3. 制度保障

按照公司2014年16号文件规定的相关制度执行。

4. 工作流程

根据企业的实际情况,经公司自主评价工作领导小组研究决定,对本单位AA工的等级评定工作分为以下4个阶段进行:

第一阶段,宣传。充分利用公司内部报刊、会议、宣传栏等多种手段、形式,对开展AA工自主评价工作进行广泛宣传,动员广大AA操作人员积极参与技能等级评定。关键是要向广大AA操作人员说明参与技能等级评定的好处,通过评定不仅可以提高自己的技能水平,而且还可以提高自己的收入和在企业的影响力,从而提高广大AA操作人员参与技能评定的积极性和主动性,切实为开展自主评定工作营造良好的氛围。

第二阶段，培训。根据企业的生产实际情况，制订切实可行的培训计划，对参加自主评定的AA操作人员进行针对性的培训，切实提高参加培训人员的理论水平和实际操作技能，顺利通过自主评定。培训工作要以“实用、实效、经济、不影响正常生产经营秩序”为原则，使广大AA操作人员学有所思、学有所能、学有所获，真正促进自主评价工作有效开展。同时，对参与自主评价的工作人员也要进行必要的业务知识和操作技能的学习培训，以确保自主评定工作顺利开展。

第三阶段，考核。这是公司首次对AA工技能等级进行自主评定，没有可借鉴的经验，因此在思想上要务必引起高度重视，各项工作一定要精心组织、提前准备，特别是自主评定所需的人员、场所、设备设施一定要准备到位，确保自主评定工作万无一失。同时，技能评价委员会作为自主评价的实施主体，一定要认真履行工作职责，始终坚持公平、公正、公开原则，严格按照自主评价标准对AA操作人员进行评价定级，确保自主评价工作取得实效。

第四阶段，总结。由于这次是公司开展的第一次自主评价工作，难免会存在着一些问题，关键是在自主评价结束后，一定要对此次自主评价中存在的问题或不足之处，进行认真分析、查找原因，并针对原因提出有效的整改措施，切实完善各项制度、杜绝漏洞或改进不足之处，以达到提高自主评价工作水平的目的，并为今后更好地开展自主评价工作积累宝贵的经验。

5. 管理文件

《××有限公司薪酬管理办法》(节选)

(1) 薪酬。

第七条　生产操作人员的薪酬由基本薪酬加绩效薪酬构成。

第八条　基本薪酬由技能工资、工龄工资等构成。

①技能工资。技能工资与员工的技能评定等级直接挂钩，技能等级不同，其技能系数也不同。技能工资 = 技能工资基数×技能系数，详见表5-1。

②工龄工资。按企业认可的有档案记载的工龄为准，每一工龄年每月补贴10元，满一年后起算，上不封顶。本办法涉及的工龄均指在岗工龄。

表5-1　生产操作人员薪酬构成一览表

序号	技能等级		薪酬(元/月)						
			技能系数	技能工资	绩效工资	工龄工资	其他	合计	备注
1	高级技师	A	5.8	5800					
2		B	5.4	5400					
3		C	5.0	5000					
4	技师	A	4.6	4600					
5		B	4.3	4300					
6		C	4.0	4000					
7	高级工	A	3.7	3700					
8		B	3.5	3500					
9		C	3.3	3300					
10	中级工	A	3.1	3100					
11		B	2.9	2900					
12		C	2.7	2700					
13	初级工	A	2.5	2500					
14		B	2.4	2400					
15		C	2.3	2300					
16	2年以下	未定级	2.0	2000					

说明:技能工资基数为1000元。

三、技术体系

1. 评价岗位的职业名称与等级

AA工技能等级分为5级:初级工、中级工、高级工、技师、高级技师。

2. 评价条件

申请AA工各技能等级评定的条件如下:

(1)初级工评定条件。

①在本单位从事本职业工作2年以上。

②申报前2年内未发生有责任的生产安全和质量安全事故。

③申报前1年内,全年工作日在250天以上,且没有严重违反公司各项规章制度的行为。

(2)中级工评定条件。

①在本单位从事本职业工作6年以上,且取得本职业初级职业资格证书满4年。

②申报前2年内未发生有责任的生产安全和质量安全事故。

③申报前1年内,全年工作日在250天以上,且没有严重违反公司各项规章制度的行为。

(3)高级工评定条件。

①在本单位从事本职业工作12年以上,且取得本职业中级职业资格证书满6年。

②申报前2年内未发生有责任的生产安全和质量安全事故。

③申报前1年内,全年工作日在250天以上,且没有严重违反公司各项规章制度的行为。

(4)技师评定条件。

①取得本职业高级职业资格证书后,连续在本单位从事本职业工作6年以上。

②申报前2年内未发生有责任的生产安全和质量安全事故。

③申报前1年内,全年工作日在250天以上,且没有严重违反公司各项规

章制度的行为。

(5)高级技师评定条件。

①取得本职业技师职业资格证书后,连续在本单位从事本职业工作5年以上。

②申报前2年内未发生有责任的生产安全和质量安全事故。

③申报前1年内,全年工作日在250天以上,且没有严重违反公司各项规章制度的行为。

(6)职业道德方面。职业道德包括职业道德基本知识和职业守则。职业守则包括:爱岗敬业,忠于职守;按章操作,确保安全;认真负责,诚实守信;遵规守纪,着装规范;团结协作,相互尊重;节约成本,降耗增效;保护环境,文明生产;不断学习,努力创新。

3. 评价岗位的职业能力特征

具有一定的学习理解和表达能力,四肢灵活,动作协调,听、嗅觉较灵敏,视力良好,具有分辨颜色的能力。

4. 各等级技能标准

(1)初级工技能标准见表5-2。

表5-2 初级工技能标准

职业功能	工作内容	技能要求	相关知识
1. 生产准备	(1)工艺文件准备	①能识读、绘制本岗位流程方块图 ②能识读本岗位主要设备的结构简图 ③能识读本岗位操作规程 ④能进行采用计量单位换算 ⑤能根据指令计算物料投入量	①本岗位工艺流程、设备结构简图基本知识 ②本岗位主要设备的结构知识 ③本岗位的工艺技术规程和岗位操作法 ④职业功能工作内容技能要求相关知识

续表

职业功能	工作内容	技能要求	相关知识
1. 生产准备	(2) 公用工程准备	①能判断本岗位工业用水的供给流量、温度是否正常 ②能判断系统电压、电流是否正常 ③能判断系统蒸汽供给量及压力是否正常	本岗位所需水、电、汽的使用常识
2. 生产操作	(1) 设备和物料准备	①能识别物料输送管线是否畅通、确认无泄漏 ②能检查输送机械是否正常。 ③能确认管线阀门开、闭状态是否符合要求 ④能识读装置的压力、流量、温度、pH值指示 ⑤能用比重计判断物料浓度 ⑥能按指令完成物料取样工作 ⑦能识别设备及物料是否具备开车条件 ⑧能识别设备铭牌 ⑨能挂各种警示牌	①本岗位设备的性能参数、铭牌含义 ②设备、管线检查的基本方法 ③操作现场要求 ④本岗位开车所需工具、器具使用常识 ⑤本岗位原料、辅料的理化性质 ⑥警示牌挂牌知识
	(2) 运行操作	①能调节反应器进料装置的阀门 ②能根据要求调节进料机泵的输送量 ③能根据指令完成反应装置进料线的切换 ④能完成管线吹扫工作 ⑤能完成进料机泵、管线降温、防冻、防结晶处理工作 ⑥能识别固态物料仓的高度、粒度及液态物料液位、气态物料压力的高、低变化 ⑦能填写相关记录	①机泵工作原理 ②蒸汽压力等级规定 ③本岗位物料的技术指标
	(3) 事故判断与处理	①能判断本岗位设备、管线的跑、冒、滴、漏事故 ②能识别机泵突然停车事故 ③能识别管道压力异常的故障 ④能判别输送物料的形状与质量指标异常 ⑤能处理管道堵塞、凝结等事故	①管线、设备管理的相关规定 ②事故管理的相关规定
3. 设备维护与保养	(1) 设备维护	①能对本岗位仪器、仪表进行日常维护 ②能进行本岗位机、泵的加油、清洗、盘车等操作的 ③能保持本岗位备用设备的整洁、完好	①盘车的基本常识 ②备用设备的维护知识
	(2) 设备保养	①能完成本岗位设备的润滑工作，并做好记录 ②能维护好润滑器具，定期清洗	①润滑油(脂)的使用常识 ②本岗位设备的润滑部位

（2）中级工技能标准见表5-3。

表5-3　中级工技能标准

职业功能	工作内容	技能要求	相关知识
1. 生产准备	（1）工艺文件准备	①能识读本岗位带控制点的工艺流程图 ②能识读本岗位生产技术文件，本岗位工艺参数的设定值、连锁值、报警值	
	（2）公用工程准备	①能完成本岗位所需的工业用水的配置 ②能完成本岗位电源、电压值的设定 ③能完成本岗位所需蒸汽的配置，本岗位所需水、电、气的控制指标	
	（3）绘图与计算	①能绘制本岗位工艺流程图 ②能绘制本岗位主要设备简图 ③能计算物料投入产出量	①工艺流程图、设备结构简图绘制知识 ②物料衡算基本知识 ③职业功能工作内容的技能要求相关知识
2. 生产操作	（1）设备和物料准备	①能完成本岗位开车的物料准备 ②能完成开工前机泵投用的准备工作 ③能识读分析化验单	①仪表连锁、控制阀位调校相关知识 ②分析化验单指标的含义
	（2）运行操作	①能根据指令调节反应器的进料量与进料速度 ②能根据指令调节反应器温度、压力、液位、pH等参数 ③能根据指令开空车 ④能完成反应器所属设备、管线的开、停工作 ⑤能完成清洗及吹扫装置、管线、机泵操作 ⑥能根据观察与仪表显示值判断装置的操作条件是否合格 ⑦能推算本装置中单台设备的生产能力 ⑧能将反应器出口物料进行除杂质、精制等后处理 ⑨能完成反应器及所属设备的防冻、降温、防凝工作 ⑩能完成采样、送样工作 ⑪能处理突然停水、停电的紧急状况	①本岗位操作规程 ②AA原理 ③反应器设备构造与仪表原理 ④工艺采样的基本知识

续表

职业功能	工作内容	技能要求	相关知识
2. 生产操作	(3) 事故判断与处理	①能判断装置泄漏事故 ②能根据工艺管道泄漏部位，确定物料排放及停车程序 ③能处理相关机泵突然停车事故 ④能排除管道压力异常的故障 ⑤能根据物料的异常形状与分析指标判断事故原因并处理 ⑥能处理尾气带液事故 ⑦能处理洗涤、过滤、冷凝、蒸馏等系统异常事故	①事故管理规定 ②外排物质的环保指标
3. 设备维护与保养	(1) 设备维护	①能完成设备的防冻、防凝、防腐蚀等工作 ②能完成设备置换操作	①设备密封、防腐蚀知识 ②设备运行周期
	(2) 设备保养	①能完成长期停用设备的保养工作 ②能处理设备保养中存在的问题	①长期停用设备的保养方法 ②设备润滑管理规定

(3) 高级工技能标准见表5-4。

表5-4　高级工技能标准

职业功能	工作内容	技能要求	相关知识
1. 生产准备	(1) 工艺文件准备	①能识读原料、中间产品、成品分析报告 ②能识读工艺配管图 ③能识读仪表连锁图	①物料的控制指标与检验方法 ②工艺配管图基础知识 ③仪表连锁图识图知识
	(2) 公用工程准备	①能完成相关岗位的公用系统检查准备工作 ②能判断相关岗位公用系统配置是否正常及公用系统的关联概况	
	(3) 绘图与计算	①能绘制带控制点的生产工艺流程图 ②能进行本装置消耗定额与物料衡算 ③能进行班组经济核算 ④能计算转化率、收率、产率	①产品工艺流程 ②班组经济核算知识 ③转化率、收率、产率与物料衡算方法 ④职业功能工作内容的技能要求相关知识

续表

职业功能	工作内容	技能要求	相关知识
2. 生产操作	(1) 设备和物料准备	①能完成装置设备、电气、仪表工艺方面的检查与准备工作 ②能完成装置开车前的预处理工作 ③能引介质进装置 ④能完成装置开工流程的确认工作	①装置开车条件的确认方法 ②装置开车方案及注意事项 ③装置工艺、设备控制指标
	(2) 运行操作	①能根据装置的温度、压力、pH等参数调节进料量和出料量 ②能根据生产条件的变化对装置进行调节,完成各控制指标和经济指标 ③能根据运行周期安排装置的倒换 ④能操作DCS操作站 ⑤能根据上、下工序的生产情况调整装置负荷 ⑥能完成装置的开、停车工作 ⑦能下达调节装置的生产量的指令 ⑧能下达调节装置压力 ⑨能完成开车前的全面检查工作 ⑩能组织实施反应器系统的应急救援预案	①反应装置的设备结构 ②仪表调节相关知识 ③反应速度的知识 ④相关设备的特性与生产能力
	(3) 事故判断与处理	①能判断转化率偏低的原因并处理 ②能判断装置温度、压力、液位异常的事故原因并处理 ③能判断产品质量波动的事故原因并处理 ④能处理反应系统其他单元操作的物耗超标事故	①产品国家标准 ②工艺超标管理规定
3. 设备维护与保养	(1) 设备维护	①能完成主要设备的维护工作 ②能完成长期停用设备维护工作 ③能按指令完成设备垢层的清理工作 ④能确认设备是否具备安全检修条件	①设备操作知识 ②设备运行参数 ③垢层的化学成分、防垢措施及其清洗方法 ④设备安全检修条件
	(2) 设备保养	①能根据本装置停车时间对系统采取相应的防腐蚀、润滑措施 ②能配合装置设备和管道防腐蚀、保温等项目的施工	①防腐、润滑、保温相关知识 ②所用润滑油的规格、数量与加油周期

（4）技师技能标准见表5-5。

表5-5 技师技能标准

职业功能	工作内容	技能要求	相关知识
1. 生产准备	(1) 方案编制	①能编制无机反应生产装置的开、停车方案 ②能编制生产装置的试压、试漏、吹扫、置换方案 ③能编制开车前的全面检查与验收方案 ④能根据生产装置的运行情况提出检修计划 ⑤能根据生产装置的运行指标变化提出工艺的改进方案	①相关原料、燃料的要求 ②开、停车管理规定 ③试压管理规定 ④压力容器管理规定
	(2) 绘图与计算	①能绘制技术改造、技术革新有关工艺设备草图 ②能识读一般零件图 ③能完成单一装置的热量平衡计算 ④能完成本系统的消耗核算	①技术改进知识 ②设备结构原理 ③零件图知识 ④装置设计资料 ⑤化工设计的有关计算
2. 生产操作	(1) 运行操作	①能优化装置操作条件 ②能指导装置运行中的工艺调整 ③能完成设备检修后的试车、验收工作 ④能完成本装置新增设备的验收工作	①生产控制与产品质量的关系 ②降低消耗与生产控制的关系 ③本装置反应机理 ④职业功能工作内容的技能要求相关知识
	(2) 事故判断与处理	①能分析事故原因 ②能预防装置出现事故 ③能处理装置反应效率低的事故	①相关化工单元操作原理 ②事故处理程序与处理方法
3. 设备维护与保养	(1) 设备维护	①能根据装置的运行状况提出相关设备的检修计划 ②能提出设备大修时机 ③能提出相关设备所需的零部件及备件	①检修计划的编写知识 ②备品、备件常识 ③设备管理“四懂”（懂性能、懂结构、懂原理、懂用途）和“三会”（会使用、会维护与保养、会排除故障）内容
	(2) 设备保养	①能完成设备的验收工作 ②能根据相关设备运行情况提出换油或变更润滑油品 ③能提出延长设备使用寿命的保养管理建议 ④能实施设备的防腐、防冻、防凝、防堵措施	①设备验收标准 ②设备管理规定、标准知识 ③润滑油相关知识 ④防腐相关知识

续表

职业功能	工作内容	技能要求	相关知识
4. 管理	(1) 质量管理	①能组织QC小组开展攻关活动 ②能按质量管理体系要求指导生产	①全面质量管理知识 ②质量管理体系知识
	(2) 生产管理	①能组织、指导班组进行经济核算和经济运行分析 ②能运用统计技术对生产工况进行分析	①工艺技术管理规定 ②统计基础知识
	(3) 技术改造	①能参与技术措施、技术改造项目的实施 ②能参与装置的标定工作 ③掌握国内同类装置的技术应用信息	
5. 培训与指导	(1) 培训	①能培训初级、中级、高级操作人员 ②能传授操作经验和技能 ③能撰写生产技术总结 ④能编写事故处理方案	①技术总结撰写知识 ②事故处理方案编写知识 ③教案编写知识
	(2) 指导	①能指导初级、中级、高级操作人员的实际操作 ②能现场传授关键技能现场操作知识及注意事项	

(5) 高级技师技能标准见表5-6。

表5-6 高级技师技能标准

职业功能	工作内容	技能要求	相关知识
1. 生产准备	(1) 方案制定	①能编制同类装置开、停车方案 ②能编制同类装置操作方案并提出优化方案	①同类装置有关设计资料 ②同类装置工艺、控制技术
	(2) 绘图与计算	①能参与审定有关改造图 ②能对装置优化进行有关计算	①装置历年改造基础资料 ②工艺发展信息 ③工艺设计基础知识
2. 生产操作	(1) 运行操作	①能指导同类装置的开车工作 ②能指导同类装置的试车和投产 ③能优化同类装置的操作 ④能掌握关键、特殊操作技术,解决同类装置技术难题	①装置设计原理 ②关键技术知识
	(2) 事故判断与处理	①能审查事故处理方案 ②能制定预防、纠正措施 ③能对同类装置事故进行分析、总结	①国内、外同类装置事故材料 ②同类装置传质、传热原理 ③职业功能工作内容的技能要求相关知识

续表

职业功能	工作内容	技能要求	相关知识
3. 设备维护与保养	(1) 设备维护	①能优化设备管理制度 ②能审查设备检修计划	设备管理知识
	(2) 设备保养	①能完成申报调试 ②能提出维护、保养、使用的改进要点 ③能制订并实施设备保养方案	设备保养方案编制知识
4. 管理	(1) 质量管理	①能提出产品质量的改进方案并组织与实施 ②能审查质量攻关方案	质量管理知识
	(2) 生产管理	①能提出并组织与实施节能降耗措施 ②能参与装置经济分析	经济活动分析方法
	(3) 技术改造	①能制订技术创新方案并组织与实施 ②能参与技术改造方案的审定 ③能掌握国内、外同类装置工艺、设备、自动化控制等方面的技术发展信息	
5. 培训与指导	(1) 培训	①能系统地传授本职业基本知识 ②能制订本职业的培训教学计划、大纲。 ③能培养后备操作骨干	培训计划、大纲的编写方法
	(2) 指导	①能撰写技术论文 ②能对技师进行现场指导 ③能合理安排培训内容,选择适当的培训方式	技术论文撰写知识

5. 评价内容

等级评价定级分为理论知识考试和操作技能考核。

理论知识考试采用阅卷笔试方式,操作技能考核采用现场实际操作方式。理论知识考试和操作技能考核均实行百分制,成绩皆达60分以上者为合格。技师及高级技师还须进行综合评审。

理论知识考试、操作技能考核满分均为100分,两项均达到60分以上(含60分)者为合格,其中有一项达不到60分者为不合格。理论知识考试时间均为90分钟;等级操作技能考核时间按具体模块的考试要求而定。理论知识考试先建立试题库;操作技能考核先进行必要的培训。理论知识评定内容权重表和操作技能评定内容权重表分别见表5-7和表5-8。

表5-7 理论知识评定内容权重表

项目			初级(%)	中级(%)	高级(%)	技师(%)	高级技师(%)
基本要求		职业道德	2	2	2	2	0
		基础知识	30	20	12	8	7
相关知识	生产准备	工艺文件准备	5	5	5	0	0
		公用工程准备	4	4	4	0	0
		绘图与计算	0	0	5	7	7
		方案制订	0	0	0	8	12
		设备和物料准备	13	15	11	0	0
	生产操作	运行操作	15	20	20	25	16
		事故判断与处理	12	14	25	25	30
	设备维护与保养	设备维护	15	15	12	6	4
		设备保养	4	5	4	3	2
	管理	质量管理	0	0	0	3	4
		生产管理	0	0	0	4	4
		技术改造	0	0	0	3	5
	培训与指导	培训	0	0	0	3	4
		指导	0	0	0	3	5
	合　计		100	100	100	100	100

表5-8　操作技能评定内容权重表

项目			初级(%)	中级(%)	高级(%)	技师(%)	高级技师(%)
相关知识	生产准备	工艺文件准备	5	5	6	0	0
		公用工程准备	8	5	5	0	0
		绘图与计算	0	5	5	7	7
		方案制定	0	0	0	8	12
		设备和物料准备	13	6	7	0	0
	生产操作	运行操作	29	30	27	14	10
		事故判断与处理	26	30	32	30	25
	设备维护与保养	设备维护	13	14	13	11	8
		设备保养	6	5	5	5	5
	管理	质量管理	0	0	0	4	6
		生产管理	0	0	0	3	5
		技术改造	0	0	0	8	10
	培训与指导	培训	0	0	0	5	6
		指导	0	0	0	5	6
	合计		100	100	100	100	100

6. 培训安排

(1) 培训目的。为提高AA工的理论水平和操作技能,全面提高生产优质产品的综合能力,有效推进企业可持续发展。

(2) 培训目标。通过培训,使参训人员准确了解并掌握职业道德、职业守则以及化学基础知识,化工基础知识,反应动力学基础知识,化工机械与设备知识,识图知识,电工基础知识,仪表基础知识,记录填写知识,安全与环保知识,产品质量知识,相关法律、法规知识;熟练掌握生产准备、生产操作、设备维护与保养以及日常管理、培训与指导等技能。

(3) 培训时限。申报评定初级的不少于120学时;中级的不少于100学时;高级的不少于80学时;技师的不少于80学时。

(4) 培训教师。

①理论知识培训教师。应具有本职业(专业)大学本科以上学历或中级以上专业技术任职资格。

②操作技能培训教师。培训初、中级的教师应具有本职业高级职业资格证书;培训高级的教师应具有本职业技师职业资格证书;培训技师的教师应具有本职业技师职业资格证书3年以上或高级专业技术职务任职资格。

(5) 培训场地。理论知识培训设在公司培训中心主教室,并配备投影仪、无线话筒等设备;操作技能培训设在生产车间现场。

(6) 培训组织。由公司人力资源部牵头组织,生产部、技术部、安环部予以配合。

(7) 培训内容。

①理论知识方面。职业道德,职业守则,化学基础知识,化工基础知识,反应动力学基础知识,化工机械与设备知识,识图知识,电工基础知识,仪表基础知识,记录填写知识,安全与环保知识,产品质量知识,相关法律、法规知识。

②操作技能方面。生产准备、生产操作、设备维护与保养,参加技师等级评定培训还将增加日常管理、培训与指导等内容。

(8) 实施计划(初级班)。详见表5-9。

表5-9 实施计划(初级班)

序　号	培训内容	主要课程	师　资	时　间
1	理论知识	职业道德、职业守则,化学基础知识,化工基础知识,反应动力学基础知识,化工机械与设备知识,识图知识,电工基础知识,仪表基础知识,记录填写知识,安全与环保知识,产品质量知识,相关法律法规知识等	××职业技术学院教师	9月10～12日
2	生产准备	工艺文件准备、公用工程准备、设备与物料准备	内部培训师	9月14～16日
3	生产操作	运行操作、事故判断与处理	内部培训师	9月17～22日
4	设备维护与保养	设备维护、设备保养	内部培训师	9月23～25日

（9）经费预算。本着互惠互利原则，经与××职业技术学院协商达成以下意见：

理论知识培训由××职业技术学院派教师上门服务，根据需要到公司培训中心授课。

操作技能培训设在生产车间现场，由企业内部培训师具体培训。

培训费用按每人1000元计收，低于20人不予开班，低于30人每人加收培训费的10%，多于50人每人优惠收培训费的10%。

（10）激励措施。为了激励生产操作人员积极、主动地参加等级评定培训，经公司研究予以以下激励措施：

培训期间按出勤计，并给予发放生活费。

培训后经考核合格取得等级评定证书，其培训费的50%给予报销。

四、附件

1. 等级评定申请表格

技能等级评定系列表格见表5-10～表5-12。

表5-10 技能等级评定申请表

申请时间： 年 月 日

姓 名		部 门		班 组	
工 种		入司时间		学 历	
年 龄		参加工作时间		申请等级	
申请理由	（主要描述本人现已达到的技术水平）： 签名： 日期： 年 月 日				
导师意见	（主要包括本人的工作态度及技术状况）： 签名： 日期： 年 月 日				

续表

班长意见	（主要包括本人的工作表现、导师的意见是否属实）： 签名：　　　　日期：　　年　　月　　日
生产部意见	（主要审核是否同意评定）： 签名：　　　　日期：　　年　　月　　日
人力资源部意见	（主要为是否批准进行评定）： 签名：　　　　日期：　　年　　月　　日

表 5-11　技能等级晋升申请表

申请时间：　　年　月　日

姓　名		部　门		班　组	
工　种			现技能等级		
现技能等级评定时间			申请评定等级		
申请理由	（主要描述本人现已达到的技术水平）： 签名：　　　　日期：　　年　　月　　日				
导师意见	（主要包括本人的工作态度及技术掌握状况）： 签名：　　　　日期：　　年　　月　　日				

续表

班长意见	（主要包括工作表现、导师的意见是否属实）： 签名：　　　　日期：　　年　　月　　日
生产部意见	（主要审核是否同意评定）： 签名：　　　　日期：　　年　　月　　日
人力资源部意见	（主要为是否批准进行评定）： 签名：　　　　日期：　　年　　月　　日

表5-12　技能评定评审表

<table>
<tr><td>姓　名</td><td></td><td>班　组</td><td></td><td>入司时间</td><td></td></tr>
<tr><td>工　种</td><td></td><td>现技能等级</td><td colspan="3"></td></tr>
<tr><td>考核成绩</td><td colspan="5">理论考试成绩：　　分
评分人：　　　日期：　　年　　月　　日
审核人：　　　日期：　　年　　月　　日
实操测试成绩：　　分
评分人：　　　日期：　　年　　月　　日
审核人：　　　日期：　　年　　月　　日
综合成绩：　　分
评分人：　　　日期：　　年　　月　　日
审核人：　　　日期：　　年　　月　　日</td></tr>
<tr><td rowspan="2">评审组评审意见</td><td colspan="5">评审组　　年　　月　　日，对　　同志进行了评审，其评审结论如下：</td></tr>
<tr><td>评审组成员</td><td colspan="4"></td></tr>
<tr><td>常务副总意见</td><td colspan="5"></td></tr>
<tr><td>总经理意见</td><td colspan="5"></td></tr>
</table>

技能评定结果通知单

________同志:

根据理论考试和实际操作考核成绩,评审小组认为您的技能水平已达到________(工种)____级,特向您表示祝贺!根据有关规定,现决定从次月起对您的薪资进行调整。希望您在今后的工作中再接再厉,不断提高技能水平,为公司的快速发展做出新的更大的贡献!

人力资源部

年　　月　　日

个人技能工作总结

工作总结(包括:1. 技术能力;2. 综合素质):   申报人/日期:

注:内容如写不下,可另附纸。

2. 理论知识考试与操作技能考核

（1）理论知识考试。理论知识考试主要为所属工种的相关专业知识、操作规程、管理制度、岗位职责等，由本地职业技术学院教师和生产、技术等部门共同负责拟定考试题库，组织闭卷考试。理论知识考试结构见表5-13。

表5-13 理论知识考试结构

A级要素	B级要素	分 值	备 注
理论知识考试	专业知识		
	操作规程		
	管理制度		
	岗位职责		

（2）操作技能考核。由生产、技术部及相关部门根据评定对象所从事的工种确定相应的操作技能考核内容项目，在指定场地、指定设备通过现场实际操作的形式进行考核。操作技能考核结构见表5-14。

表5-14 操作技能考核结构

考核要素及分值							
A级要素	B级要素	分 值	备 注	A级要素	B级要素	分 值	备 注

（3）工作绩效评价，见表5-15。

表5-15 工作绩效评价

A级要素	B级要素	分 值	备 注
	日常表现		
	工作态度		
	民主测评		
	集体活动表现		
	奖惩		

第二节 创正防爆电器有限公司自主评价方案

(节选自《企业技能人才评价实践选篇(第二辑)》)

一、企业基本情况

1. 企业概况

创正防爆电器有限公司系国家高新技术企业,坐落于长三角中心城市——浙江省嘉兴市,是目前中国最大的塑料防爆电器及高品质防爆灯具产、销、研企业。公司拥有自营出口权,是中国石油天然气集团公司一级供应网络成员以及中国石化物资资源市场成员单位和中国海洋石油工程供应商。产品涵盖了从防爆元件到电控系统集成的完整系列,实现了从单一产品供应商、全面技术方案解决商到行业技术领导者的迈进。为满足国际、国内市场的需求,产品依据IEC国际标准设计、制造,并在国内同行中率先通过ATEX \ IECEX \ TUV国际防爆产品认证、ISO9001质量体系认证、ISO14001环境体系认证和OHS18001职业健康安全管理体系认证。公司旨在以一流的生产设备、先进的制造工艺和全新的研发理念为用户提供高品质的产品和服务。

2. 国家教育及社会人才特点

中国一直非常重视学历教育，家长们也希望自己的孩子能读博、读研、读本，最不济的也希望能上个大专。由于国家的教育体制及家长培养孩子的观念导致了我们国家真正的技能人才缺失。大专、本科院校是越来越多，技师、技工学校却是越来越少，技能人才更少。在这种僧多粥少的情况下，制造型企业如何能获得这些稀缺的蓝领资源呢？一方面是国家教育体制进行改革；另一方面还需要企业自力更生，对那些学力不足的人进行提升、培养、铸模子，设标准。由此分析，作为企业的我们能选择的就是自救，这样我们创正不仅能生产出好的产品，而且也能为国家“生产”出更多更好的技师人员。

3. 创正发展及人才需求背景

（1）自创正成立20余年以来，董事长一直坚持一个产品理念：我们要做好的产品，不仅仅是产品质量过硬，还有产品的创新性，满足客户不同需求的人性化特点等。鉴于此理念的实现，创正不仅需要好的技术人员，而且更需要一批能将产品设计实现的技能型人才。他们工作在生产一线，每天和不同型号、规格的产品打交道，有时也需要去客户现场进行产品维修。其素养及技能水平的提高已是不言而喻。正如2009年胡锦涛主席在珠海考察时所讲：没有一流的技师就没有一流的产品。产品是有标准的，产品标准的实现是需要技师有同等规格的标准。

（2）从创正人才发展的定位来看，董事长一直强调公司人才复合型、人员精简化、丰厚的待遇及较高的工资。鉴于此，我们也需要通过技能人才的进一步培养、技能人才不同等级的标准设定以及技能人才不同等级激励方式的设定来实现人才发展理念。通过此方法，我们可以先培养、训练出具有创正文化烙印的现代型技能工人，然后用我们自己优秀的工人制造出创正特有的好产品。

4. 紧缺（重要）的人才类型

紧缺的人才类型如电器装配工、模具工、钣金工等。

二、技能人才各岗位工作说明书

电器装配工岗位描述见表5-16。

表5-16 电器装配工岗位描述

NO.CZGW060

<table>
<tr><td>岗位名称</td><td>电器装配工</td><td>岗位编号</td><td colspan="2">CZ-SC031</td></tr>
<tr><td>所属部门</td><td>生产部</td><td>晋升方向</td><td colspan="2">组长</td></tr>
<tr><td colspan="5">汇报关系</td></tr>
<tr><td colspan="5">1. 直接上级:电器组长
2. 直接下级:无
3. 内部协调关系:无
4. 外部协调关系:无</td></tr>
<tr><td colspan="5">能力要求</td></tr>
<tr><td colspan="5">1. 教育水平:中专或高中以上学历
2. 专业:物流管理专业、机电一体化专业
3. 工作经验:2年以上生产制造工作经验
4. 知识与技能:了解ISO9001、ISO14001、GB/T28001:2001,能识别方案图纸,熟悉电气原理图,会一二次接线
5. 个人素质:具备良好的道德素质和团队精神,能自我管理</td></tr>
<tr><td colspan="5">主要工作职责</td></tr>
<tr><td>项 目</td><td colspan="3">工作内容</td><td>文件记录</td></tr>
<tr><td rowspan="3">本部门制度的执行</td><td colspan="3">执行本部门生产管理手册规定</td><td>生产部管理手册</td></tr>
<tr><td colspan="3">执行本部门5S管理规定</td><td>现场5S考核办法</td></tr>
<tr><td colspan="3">执行ISO9001、ISO14001、GB/T28001:2001管理体系规定</td><td>体系文件</td></tr>
<tr><td rowspan="2">定置摆放</td><td colspan="3">定置定位摆放现场所有设备、物料、工具,确保现场的整洁、走道通畅</td><td>—</td></tr>
<tr><td colspan="3">私人物品严格按5S要求摆放</td><td>—</td></tr>
</table>

续表

品质意识	养成看清楚再拿,问明白再做的习惯,杜绝错乱与混淆,对各种材料,按规格、型号、批次等进行严格的分区放置并做好标记,保证数量的准确性	图纸/作业指导书
	强化品质观念和工作责任心,各工序作业需检查前道工序的作业品质,并确保自己生产的产品无差错,防止无混淆或无不良品流入下道工序	加工路线卡/送检单
	严格按照产品工艺要求及操作规程进行作业,确保安全高效生产	工艺文件
设备/工具使用	精心保养设备,做到“三好”(管好、用好、修好),“四会”(会使用、会保养、会检查、会排除故障),并能正确、合理地使用工具、仪表	设备日常保养项目表
生产任务	在组长的带领与指导下,积极完成分配的生产任务	
	当任务出现异常或不能独立完成时,应立即汇报组长或相关主管	异常报告单
其他项日	负责完成上级领导交办的其他事情	
业绩考核(KPI)		
1. 生产任务完成情况:30% 2. 生产作业质量:25% 3. 工作态度:25% 4. 生产安全:10% 5. 工作规范:5% 6. 执行力:5%		
可利用资源		
工作环境:生产车间		
使用工具/设备:电脑、办公桌、办公椅、空调、ERP网络系统、会议桌、电话机、办公用品		
岗位权限		
建议权	对本部制度有建议权	
决策权		

三、技能人才发展路径及激励措施

1. 技能人才发展路径

技能人才发展路径见表5-17。

表5-17 技能人才发展路径

技能成长路线		管理成长路线	其他成长路线
技能等级	对应企业工龄	生产主管 车间主任 组长	方案设计 技术开发 业务销售 质量检验
高级技师	144个月(满12年)		
技师	96个月(满8年)		
高级工	60个月(满5年)		
中级工	24个月(满2年)		
初级工	试用转正后		

2. 激励措施

(1) 可享受每年2次的职业技能等级鉴定,经鉴定考核通过者可享受对应的技能等级工资待遇。

(2) 可申请参加每年度举办的技能提升培训或其他形式多样的综合素养提升学习。

(3) 结合自我兴趣及公司发展平台,中级工及以上者可进行其他专业路线或管理路线的发展。

(4) 高级工及以上可享受公司购房、购车补贴(详见公司制度)。

(5) 技师及以上可享受公司统一安排的国内、外旅游。

四、技能人才培养方案

1. 培训模式

以集中教学、现场实习辅导两种方式为主。

2. 技能培训小组

公司人力资源部负责技能培训组织、实施工作，生产部负责组织培训教材与培训标准文件工作。培训小组名单如下：

组长：1人。

成员：共5人。

3. 培训讲师

（1）讲师级别确定。根据商学院内部讲师管理条例实施，共设4个级别，具体有实习讲师、助理讲师、主讲讲师、高级讲师，不同级别享受不同的讲师津贴。

（2）讲师聘任。根据商学院内部讲师管理条例，每年进行讲师申报、审核及聘任。结合技能人才标准化实施要求，聘任以下人员为培训讲师：

外聘讲师：××× ×××

内聘讲师：谢 × 何 × 肖×× 张××等（根据年度培训计划进行调整）。

讲师主要职责：

①编制所授课岗位的培训教材与培训课件。

②配合培训小组实施技能培训，并接受培训考核评估。

③学习国家职业技能等级标准要求，参与编写公司职业技能等级标准。

④提供相关课程培训大纲、理论和实践操作考试试题给技能评价委员会。

⑤向技能评价委员会提出实施技能鉴定更有成效的建议和方法等。

4. 培训周期

每年9月1日～11月20日，由人力资源部集中组织与落实技能工年度培训工作。现场实习辅导每月分岗位有序进行。

5. 培训期限

参考全日制职业学校教育,结合企业实际的人员现状及培训要求,制订各评价岗位晋级培训期限,见表5-18。

表5-18 各评价岗位晋级培训期限

岗位 级别	电器装配工	灯具装配工	元件装配工	模具制造工	模具设计师	钣金折弯工	激光切割工
五级(初级)	≥200	≥100	≥100	≥200	≥200	≥200	≥200
四级(中级)	≥160	≥80	≥80	≥160	≥160	≥160	≥160
三级(高级)	≥120	≥60	≥60	≥120	≥120	≥120	≥120
二级(技师)	≥80	≥45	≥45	≥80	≥80	≥80	≥80
一级(高级技师)	≥40	≥25	≥25	≥40	≥40	≥40	≥40

五、技能人才自主评价组织与管理

1. 自主评价工作领导小组

为认真贯彻《浙江省职业技能鉴定中心关于印发企业技能人才评价标准化体系工作规程(试行)的通知》(浙职技〔2012〕21号),加快公司高技能人才队伍建设步伐,结合公司实际情况,根据公司技能评价需要成立企业技能人才自主评价领导小组。下设技能鉴定委员会与技能培训小组。

自主评价领导小组:

顾　问:1人。

组　长:1人。

成　员:共5人。

档案员:1人。

(1) 自主评价领导小组工作目标。健全和完善培养、评价、使用、激励高技能人才的工作体系,力争每年培养高技能人才不少于20名(每年至少有1名技师或高级技师)。形成完善的技能人才梯队。

(2)自主评价领导小组组长的职责。

①贯彻国家有关标准化工作的法律、法规、方针、政策、规章和强制性标准。

②确定与本企业方针、目标相适应的标准化工作任务和目标。

③确定企业标准化机构、人员及其职责。

④审批企业标准化规划、计划和标准化活动经费。

⑤组织建立企业标准化体系,审批企业标准和企业标准化体系。

⑥鼓励、表彰为企业标准化工作做出贡献的单位和个人,对不认真贯彻执行标准而造成损失的责任者进行惩戒。

(3)自主评价领导小组及其人员的职责。

①确定并落实标准化法律、法规、规章中与本企业相关的要求。

②组织制定并落实企业标准化工作任务和指标,编制企业标准规划、计划。

③建立和实施企业标准体系,编制企业标准化体系表。

④组织制定、修订企业标准,认真做好企业产品标准的备案工作。

⑤组织实施纳入企业标准体系的有关国家标准、行业标准、地方标准和本企业的企业标准。

⑥对新产品、改进产品、技术改造和技术引进提出标准化要求,负责标准化审查。

⑦对企业实施标准情况进行监督与检查,组织企业标准的复审。

⑧组织制订企业标准化管理标准(或标准化规章制度)。

⑨组织本企业的标准化培训。

⑩统一归口管理各类标准文件,建立标准资料方案,搜集国内、外标准化信息。

⑪承担或参与国家、行业和地方委托的有关标准的制订和审查工作,参加国内、外各类标准化活动。

(4)自主评价领导小组工作要求。公司要不断总结企业技能人才自主评价工作经验,按照戴明循环的步骤,不断完善企业技能人才评价标准化建设。

(5)企业各职能部门的职责。

①组织实施企业标准化机构下达的标准化工作任务。

②组织实施与本部门有关的标准。

③按惯例标准和工作标准对员工进行考核、奖惩。

2. 技能评价委员会

为搭建公平、公正的考评机制,自主评价领导小组特下设技能鉴定委员会,主要负责技术评定人员的选拔、确认、培训,高技能人才评价专家组的管理、培训及评定工作的合理实施。

技能评价委员会:

组　长:由总经理担任。

副组长:由副总经理担任。

成员部门:生产部、人力资源部、技术部、工艺科、生技部

(1) 技术评定人员条件。技术评定人员由公司推荐,人力资源部提名,经过技能鉴定委员会及人社局审定同意后成立。技术评定人员必须具备以下资质:

①工作认真、努力,绩效显著。

②遵纪守法,具有良好的职业道德,能认真履行岗位职责,在专业岗位上做出显著的成绩,并具备相应的专业理论水平和实际工作能力。

③对所从事的专业至少有10年以上工作经验,具备丰富的实践操作技能和理论水平。

④对本专业技术岗位的工作创立了有价值的经验,并在公司内有所推广。

⑤直接主持完成大型项目,为公司创造较大的价值。

⑥能进行工艺改善以及工艺创新。

(2) 企业高技能人才评价专家组名单,见表5-19。

表5-19　企业高技能人才评价专家组名单

姓　名	性　别	年　龄	职务或职称	从事专业	专业年限	拟任专家组分工
黄××	男	50	总经理	企业管理	25	考评组
魏××	男	43	常务副总	企业管理	20	考评组

续表

姓　名	性　别	年　龄	职务或职称	从事专业	专业年限	拟任专家组分工
张××	女	35	人力资源部经理	人力管理	10	考务管理组
叶××	男	48	生技部经理	生产管理	20	综合评审组
刘　×	男	32	技术部经理	技术管理	10	综合评审组
刘××	男	33	生产部经理	生产管理	8	综合评审组
谢　×	男	41	生产部经理	生产管理	15	综合评审组
吴　×	女	49	嘉兴技师学院教师	机电管理	20	考评组
孟××	男	28	嘉兴技师学院教师	机械管理	8	考评组

（3）自主评价领导小组组长从技能评价委员会和高技能人才评价专家组中抽取5人组成评定小组，负责现场实操的评定工作。

3. 自主评价实施步骤

根据公司技能鉴定评价领导小组研究决定，技能人才评价工作分为以下几个阶段进行：

第一阶段，宣传发动。

（1）统一认识、加强领导。人力资源部、商学院、生产部及各车间、班组要团结在自主评价领导小组的周围，积极做好技能鉴定工作的宣传，让员工充分认识到技能学习、技能培训、技能鉴定工作的重要意义，从思想和行动上重视技能培训、鉴定工作。

（2）广泛宣传、形成氛围。各车间、班组管理人员要通过早会、例会等多种形式向下辖员工介绍技能鉴定评价的作用与目的。鼓励员工积极参与技能鉴定评价工作，形成良好的技能学习和鉴定氛围，为技能培训、鉴定、评价工作奠定良好的基础。

人力资源部将在全公司范围内以技能比武活动（员工技能大赛）等方式开展技能学习的宣传、引导工作，从思想意识形态和实践行动两方面向员工宣传技能的重要性。

第二阶段,技能培训。培训是技能鉴定评价的前奏,是提升员工技能的有效方法之一。

在自主评价领导小组的指示下,商学院协同生产部、技术部(工艺科)制订详细具体的、形式多样的、有针对性的技能工种培训计划。教学模式要求采取专业教师授课、案例分析、现场教学等多种模式,从培训的方式和方法上保证培训的效果。

第三阶段,技能考核。技能考核是对员工技能水平的测试与认证。技能考核由理论考试和实践考试两部分组成。由技能评价委员会组织工艺科、生产部、生技部、品管部具体实施技能考核方案。

第四阶段,总结提高。对技能鉴定评价工作进行总结是提升公司技能鉴定评价工作水准的必要手段之一。根据领导小组的精神指示,技能评价委员会要组织各部门相关人员在技能鉴定工作完毕后对技能鉴定工作进行总结,并做好鉴定工作的经验交流相关的会议。要不断总结企业技能人才自主评价工作经验,按照PDCA的原则,不断完善企业技能人才评价标准化建设。

第五阶段,体系保障。利用“高技能人才示范基地”“创正防爆创新工作室”为平台,创造性地开展员工技能教育和人才培养平台,争取技能鉴定有成就,自主评价有改善,人才目标有实现,工艺技术有创新。

公司领导将从培训经费、技能津贴等多方面加大对技能自主评价与鉴定工作的资金投入。每年将投入近100万元资金用于员工技能教育培训、基础设备设施建设、员工技能竞赛、内部讲师补助、科技创新团队项目改造、员工技能补贴等项目。

人力资源部将采取技能等级评价、员工实操阶段性考核、年度劳动技能竞赛、创新科技小组工艺革新比武等多种方式加大宣传和引导力度。

人力资源部门在全面培养内部技能人才的基础上,同时引进高等级的技能人才,每年度从外面引进优秀的技师与高级技师人才,确保人才队伍的思维更新,观念更新,技术更新,科技更新。

公司将全面完善和健全技能人才的培养、引进、激励制度,为保障技能人才学习、培养、鉴定、评价、激励工作做好全方位的工作。

六、技能等级评价方案

1. 人才评价的目的

人才评价的目的是加快创正高级技能人才培养，提高专业技能素质，充分调动公司生产一线技能工人和其他人员的工作热情和积极性，促进提高工作生产效率和质量，最大限度地推动公司整体效益的发展。为规范生产一线技术工人技能等级考核评定工作，促进技术工人不断学习业务知识，努力提高技术水平，更好地完成生产任务和实现自身价值，依据国家《职业技能评定标准》并结合企业实际，特制定本管理办法。

技能等级评价分为定级评定和晋(降)级评定两类。定级评定是指具备岗位工作经验的员工于“转正申请”时确定的技能等级水平。晋级评定是指操作岗位在现有技能等级基础上的升级评定。主要根据《岗位职业技能标准》进行评定，并确定其技能等级。《职业技能评分标准表》主要考查专业知识、技能操作、工作绩效、企业文化认可度等维度。降级评定是每出现一次质量安全事故，连续6个月中超过2次严重差错，技能等级降一级。

2. 人才评价的适用范围

拟针对公司范围内转正后的生产一线工人。工人技能等级类型共分为5级，分别为高级技师、技师、高级技工、中级技工、初级技工(临时工和实习、试用员工不在技能评定范围内)。

凡与公司签订劳动合同，并在申报年度内无重大违纪或责任事故的转正作业人员均纳入评定范围。

3. 人才评价的适用岗位

人才评价的适用岗位见表5-20。

表5-20 人才评价的适用岗位

序 号	岗 位
1	电器装配工
2	灯具装配工
3	元件装配工
4	模具设计师
5	模具制造工
6	折弯工
7	激光切割工

4. 人才评价的周期

定级评定在员工转正后1个月内进行等级认定;晋级评定每年开展1次,11月15日～12月15日,具体时间公司将提前另行通知。公司技能评价委员会将组织技能等级鉴定工作,由人力资源部报上级劳动部门备案审批。

5. 人才评价的原则

(1) 本着“尊重员工价值、实现员工愿望、提高员工技能、促进公司发展”的原则,鼓励员工结合公司的生产实际,立足岗位提高自身技术素质。

(2) 坚持公平、公开、竞争、择优的原则。做到申请、评议、考核评定工作的程序、条件公开,考试考核标准和结果公开,提高工作透明度,保证考核评定工作质量,确保考核结果能客观、准确地反映员工的实际技能水平,使有真才实学者脱颖而出,实现优胜劣汰。

(3) 坚持申请、考核、评定、晋级与培训、使用、待遇相结合的原则。以考核促晋级,以晋级促培训,以培训提素质,以技能定待遇。

6. 人才评价的内容及方法

(1) 技能等级评定考核内容包括基础知识、工作绩效、操作技能、综合评价。

（2）岗位技能等级评定分值＝∑（基础知识得分×*%＋工作绩效得分×*%＋操作技能得分×*%＋综合评价得分×*%）＋加分（扣分）项。

（3）基础知识考试、操作技能考核满分均为100分，两项均达到60分以上（含60分）者为合格，其中有一项达不到60分者为不合格。

（4）对于文化水平较低者，可采用口头提问的方式进行理论考试，技能评定委员会审核后代替理论考试的分数。

（5）技能等级评定考核内容所占权重见表5-21，表5-22所示为考试分数与技能等级对照表。

表5-21 技能等级评定考核内容所占权重

级别 权重	初级工、中级工、高级工	技师	高级技师
基础知识	20%	30%	40%
技能操作	60%	50%	40%
工作绩效	10%	10%	10%
综合评价	10%	10%	10%
合计	100%	100%	100%

表5-22 考试分数与技能等级对照表

等级	1级	2级	3级	不合格
分数	90分以上	89～71分	70～60分	60分以下

（6）技能等级评定考核内容解释。

①基础知识考试统一建立试题库。试题依据国家标准或行业标准并结合企业的实际情况，以“1＋X”形式组织考试用题。其中，“1”为公司生产涉及的基础知识为基础，结合行业、产品质量、安全、企业文化、管理制度等方面内容建立试题。“X”为企业根据岗位要求自行组织发散性试题。通过审定后使用，考试的内容以采用笔试闭卷方式进行，每次考试前由题库提取试题，满分为100分。

②工作绩效得分为各部门人员申报年度内绩效考核平均得分。

③技能操作考核内容依据岗位说明书及部门各岗位考核评价标准，由生

产部、技术部、生技部、人力资源部根据评定对象所从事的工种确定相应的考核项目,在指定场地通过现场实操的形式进行考核。突出本岗位关键性操作、维护技术,采用现场操作的方式进行,满分为100分。

④综合评价包括学历、本公司工龄、爱岗敬业、友爱同事、企业忠诚度等评定,得分根据考核细则中对应的等级分数计算。

⑤加分(扣分)项则依据参加考评者本人当年获得公司奖励或处罚情况进行相应的加分或扣分。

⑥评价委员会遵循“公正、准确、保密”的原则,对参评员工进行综合评价,着重考察解决实际工作问题的能力及为企业创造的效益和贡献。各考核项目分数按照对应权重汇总后以数学方式进行处理。

7. 技能等级的设定

(1) 技能等级从低到高依次设定为初级工、中级工、高级工、技师、高级技师5个职等,每个职等分为A、B、C这3个职级,A级最高,C级最低,分别对应15个技术等级。

(2) 技能等级是员工技能水平的体现,是员工工资收入中的重要组成部分。技能等级、对应系数、定(晋)级时间间隔标准见表5-23。

表5-23 技能等级、对应系数、定(晋)级时间间隔标准

技能等级		对应技术等级	对应技能系数	级　差	每级晋升时间间隔	公　司
职　等	职　级					工作年限
高级技师	A	20	6.1	0.5	24个月	144个月
	B	19	5.1			
	C	18	4.6			
	D	17	4.1			
技师	A	16	4.0	0.4	12个月	96个月
	B	15	3.6			
	C	14	3.2			
	D	13	2.8			

续表

技能等级		对应技术等级	对应技能系数	级差	每级晋升时间间隔	公司
职等	职级					工作年限
高级工	A	12	2.7	0.3	12个月	60个月
	B	11	2.4			
	C	10	2.1			
	D	9	1.8			
中级工	A	8	1.8	0.2	12个月	24个月
	B	7	1.5			
	C	6	1.3			
	D	5	1.1			
初级工	A	4	1.1	0.1	12个月	转正后
	B	3	0.9			
	C	2	0.8			
	D	1	0.7			

注:表中所列定(晋)级时间间隔标准,如某员工从1级向2级晋升至少需间隔12个月。

8. 技能评定的申报条件

(1) 基础申报的评定条件。

①基础资格条件的司龄累计在2个月以上,与公司签订劳动合同。

②在工作期间(每月)未出现任何旷工,累计3次以上的迟到早退,累计3天以上的请假等情形。

③未发生过严重违反安全操作规程,且未发生200元以上的设备操作和安全事故。

④未发生过累计总额为1000元以上的产品质量事故(如质量投诉、退货等)。

⑤能严格服从组长及以上领导的工作安排和调遣,及时、圆满地完成生产任务。

⑥热爱本职岗位工作,勤劳主动,人品正派,团结同事,顾全大局,积极进取。

⑦在工作期间未发生过严重的违反公司规章纪律行为(如偷盗、破坏财产,打架斗殴,屡次旷工等),未受公司任何警告以上处理的。

(2) 新进员工的等级评定。

①对于从外单位加盟的新员工,如持有相应的职业技能等级证书,可直接参与相应职等的技能等级评定,评定通过后可直接享受相应的技能等级待遇。

②对于技术较为熟练的新员工,试工时能独立从事本岗位工作,人力资源部可组织相关部门直接定级,直接享受相应技能等级的工资待遇。

③新进员工在试用期结束前15天,人力资源部通知相关员工填写申请表,导师、班组长对员工的工作态度、工作表现、技能提升程度进行评价,填写审核意见后报人力资源部。

④人力资源部根据所需评定的工种、人数,统筹安排理论考试及实际操作考核的时间、地点,并通知相关部门及人员组织考试和考核。

⑤人力资源部汇总评定意见,确定评定等级,评定结果公示无异议后报总经理批准。

⑥人力资源部通知相关班组及财务部,对通过评定的员工技能等级系数进行调整,从次月起开始享受相应等级的待遇。

(3) 正式员工的等级评定。

①连续在本公司从事本职工作达2个月(含)以上的员工为正式员工。

②正式员工初次进行等级评定,应对照初次技能评定申报条件,填写等级评定申请表,列出申请理由,并由相关班组长、导师填写审核意见后报人力资源部。

③正式员工晋级等级评定应符合技能晋级的时间间隔要求。

④其他流程按公司正式的流程进行。

(4) 初次技能评定的申报条件。

对于不同技能等级的员工,初次评定时只要符合条件之一即可申报。

①初级技工。

a. 经本职业初级正规培训达规定标准学时,并取得毕(结)业证书。

b. 在本公司连续从事本职业工作2个月以上,并符合申报技能评定基础条件。

A级:能知道简单工艺图纸,能使用工艺作业指导书,能简单判断产品是否合格。

B级:能了解简单的工艺图纸和操作规范,能使用工艺作业指导书。

C级:初步认识图纸、量具、材料。

②中级技工。

a. 取得本职业初级职业资格证书后,连续从事本职业工作1年以上。

b. 在本公司连续从事本职业工作2年以上。

A级:熟练掌握工艺图纸和工艺指导书,对生产过程的故障能及时判断和分析,能有效控制生产损耗。

B级:熟练掌握工艺图纸和操作规范,能控制过程质量和简单的故障分析。

C级:熟练掌握图纸、量具、材料,能把握产品的过程控制。

③高级技工。

a. 取得本职业中级职业资格证书后,连续从事本职业工作1年以上。

b. 在本公司连续从事本职业工作5年以上。

A级:熟练掌握全加工流程,随时调度车间有效资源,安排生产。

B级:能明确指导生产加工的流程,并根据生产计划有效地组织与开展工作。

C级:能熟练掌握产品(全)图纸,根据产品图纸能很快判断生产节奏和损耗。

④技师。

a. 取得本职业高级职业资格证书,并连续从事本职业工作2年以上。

b. 在本公司连续从事本职业工作8年以上。

⑤高级技师。

a. 取得本职业技师职业资格证书,并连续从事本职业工作3年以上。

b. 在本公司连续从事本职业工作12年以上。

(5) 技能等级评定流程,如图5-1所示。

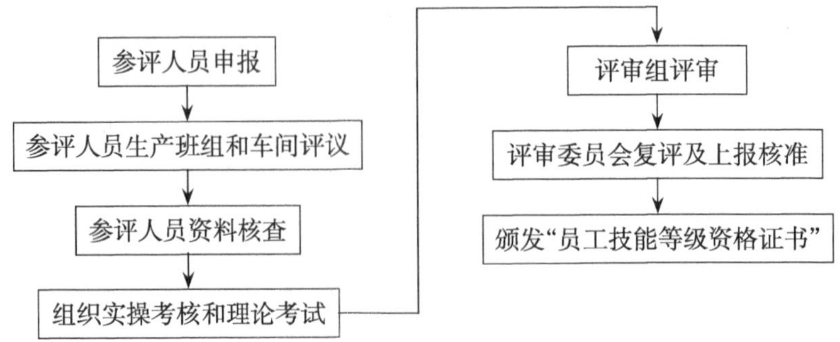

图5-1　技能等级评定流程

(6) 评审工作程序。

①参评人员申报。在岗位上从事生产的一线员工自愿申报,填写“员工技能等级资格申报表”,并拟制“个人技能工作总结”,交于本组组长。

②参评人员生产班组和车间评议。参评人员生产组长组织本组人员召开会议,对参评人员的专业技术能力和综合素质进行全面评议,做出评价意见,并填写在“员工技能等级资格申报表”中的“生产组意见栏”内。同时,由生产部组织各生产线组长对参评人员再进行评议,做出评价意见,并填写在“员工技能等级资格申报表”中。

③参评人员资料核查。技能等级资格评审小组收到参评人员的“员工技能等级资格申报表”和“个人技能工作总结”资料后,负责进行核查。

④组织实操考核和理论考试。由评审组依据《员工技能等级资格评审标准》规定,准备实际操作项目内容、理论考试试题,对参评人员进行严格的实操考核和理论考试。

⑤评审组评审。由评审组组长副总组织召开“员工技能等级资格评审组”全体人员会议,依据《员工技能等级资格评审标准》规定,对参评人员进行客观、公正、合理的评审,并做出评审结论,由评审组负责填写“员工技能等级资格评审表”。

⑥评审委员会复评及上报核准。由“员工技能等级资格评审组”负责将经评审通过的参评人员的“员工技能等级资格评审表”报送公司评审委员会复评,并将结果报总经理核准。

⑦颁发“员工技能等级资格证书”。由人力资源部负责按总经理核准的技

能等级资格人员，到当地人力资源和社会保障部分办理“职业资格证书”。

9. 相关要求

（1）各级管理人员应为员工的成长、技能提升创造条件和提供帮助。任何部门任何人不得以任何理由挤兑、压制新老员工的成长，否则一经查实，将视情节轻重对有关人员给予降职、撤职、调岗、开除等行政处分。

（2）所有从外部获得的职称证书，仅作为申请定级的条件，仍需参加公司组织的技能评定。

（3）所有技师评定及以上的技能等级评定，在评定成绩合格后还应通过公司组织的综合评审。

（4）通过技能评定的技术工人累计2个月考核结果为差的，给予黄牌警告；累计3个月考核结果为差的，技能系数降低一级；1年内累计6个月考核结果为差的，予以淘汰。

10. 评价公开、公示

（1）评价标准、程序公开。人才评价工作开始前，由人力资源部统一下发评价标准和评价组织程序，各单位公布人才评价标准、程序。

（2）评价结果公示。评价结果张榜公布，接收群众监督，对结果有异议的将由评价委员会组织审议。

11. 相关支持性文件

相关支持性文件见表5-24～表5-27。

表5-24　新员工技能等级评定申请表

申请时间：　　年　月　日

<table>
<tr><td>姓　名</td><td></td><td>部　门</td><td></td><td>班　组</td><td></td></tr>
<tr><td>工　种</td><td></td><td>入司时间</td><td></td><td>学　历</td><td></td></tr>
<tr><td>年　龄</td><td></td><td>参加工作时间</td><td></td><td>申请等级</td><td></td></tr>
<tr><td>申请理由</td><td colspan="5">(主要描述本人现已达到的技术水平)：

申请人签名：　　　　日期：　　年　　月　　日</td></tr>
<tr><td>导师意见</td><td colspan="5">(主要包括本人的工作态度及技术状况)：

签名：　　　　日期：　　年　　月　　日</td></tr>
<tr><td>组长意见</td><td colspan="5">(主要包括本人的工作表现、导师的意见是否属实)：

签名：　　　　日期：　　年　　月　　日</td></tr>
<tr><td>生产部意见</td><td colspan="5">(主要审核是否同意评定)：

签名：　　　　日期：　　年　　月　　日</td></tr>
<tr><td>人力资源部意见</td><td colspan="5">(主要为是否批准进行评定)：

签名：　　　　日期：　　年　　月　　日</td></tr>
</table>

表 5-25　技能等级晋升申请表

申请时间：　　年　月　日

姓　名		部　门		班　组	
工　种			现技能等级		
现技能等级评定时间			申请评定等级		
申请理由	（主要描述本人现已达到的技术水平）： 申请人签名：　　日期：　　年　月　日				
导师意见	（主要包括本人的工作态度及技术状况）： 签名：　　日期：　　年　月　日				
组长意见	（主要包括本人的工作表现、导师的意见是否属实）： 签名：　　日期：　　年　月　日				
生产部意见	（主要审核是否同意评定）： 签名：　　日期：　　年　月　日				
人力资源部意见	（主要为是否批准进行评定）： 签名：　　日期：　　年　月　日				

表5-26　技能评定评审表

<table>
<tr><td>姓　名</td><td></td><td>班　组</td><td></td><td>入司时间</td><td></td></tr>
<tr><td>工　种</td><td></td><td>现技能等级</td><td colspan="3">等级或(试用或学工)</td></tr>
<tr><td>考核成绩</td><td colspan="5">理论考试成绩:　　　分
评分人:　　　　日期:　　　年　　月　　日
审核人:　　　　日期:　　　年　　月　　日
实操测试成绩:　分
评分人:　　　　日期:　　　年　　月　　日
审核人:　　　　日期:　　　年　　月　　日
综合绩效得分:　　分
评分人:　　　　日期:　　　年　　月　　日
审核人:　　　　日期:　　　年　　月　　日
综合成绩:　　　分
评分人:　　　　日期:　　　年　　月　　日
审核人:　　　　日期:　　　年　　月　　日</td></tr>
<tr><td rowspan="2">评审组评审意见</td><td colspan="5">评审组　　年　　月　　日,对　　　同志进行了评审,其评审结论如下:</td></tr>
<tr><td>评审组成员</td><td colspan="4"></td></tr>
<tr><td>常务副总意见</td><td colspan="5"></td></tr>
<tr><td>总经理意见</td><td colspan="5"></td></tr>
</table>

技能评定结果通知单

________同志:

根据理论考试和实际操作考核成绩,评审小组认为您的技能水平已达到________(工种)________级,特向您表示祝贺!根据有关规定,现决定从次月起对您的薪资进行调整。希望您在今后的工作中再接再厉,不断提高技能水平,为公司的快速发展做出新的更大的贡献!

创正防爆电器有限公司

人力资源部

年　月　　日

表 5-27 个人技能工作总结

工作总结(包括:1. 技术能力;2. 综合素质):
申报人/日期:

注:内容如写不下,可另附纸。

七、人才评价结果运用

(1) 对评定合格人员发放上岗证,不合格人员进行针对性的培训,培训合格后可申请评定,再次评定合格后发放上岗证,不合格者淘汰。

(2) 评定结果审批后,由人力资源部通知部门经理及员工本人,并对全体员工进行公示。

(3) 根据审批通过的技能等级评定结果,调整岗位级别并对应相应的级别工资。

(4) 当需选拔基层管理干部时,技能等级将作为公司选拔干部的重要依据之一。

八、技能薪酬绩效

1. 薪酬结构

工资由以下4部分构成。

(1) 技能工资:技能技术系数×工资基数。

(2) 绩效工资:按照公司薪酬制度统一执行。

(3) 工龄工资:为定额,按照工作年限累计按照公司薪酬制度统一执行。

(4) 全勤工资:为定额,在公司规定的工作日范围内,每月请假次数小于等于1天的记发全勤工资。

2. 薪酬、绩效表

薪酬、绩效表见表5-28。

表5-28　薪酬、绩效表

序号	职称	技能等级	薪酬(元/月)							可任职资格
			技能系数	技能工资	绩效工资	工龄工资	全勤工资		合　计	
1	高级技师(12年以上)	A	6.1	6100						副经理及以上
2		B	5.1	5100						
3		C	4.6	4600						
4		D	4.1	4100						
5	技师(8～12年)	A	4.0	4000						主任及以上
6		B	3.6	3600						
7		C	3.2	3200						
8		D	2.8	2800						
9	高级技工(5～8年)	A	2.7	2700						组长及以上
10		B	2.4	2400						
11		C	2.1	2100						
12		D	1.8	1800						
13	中级技工(2～5年)	A	1.8	1800						组长
14		B	1.5	1500						
15		C	1.3	1300						
16		D	1.1	1100						
17	初级技工(2个月～1年)	A	1.1	1100						无
18		B	0.9	900						
19		C	0.8	800						
20		D	0.7	700						

注:工资基数为:1000。

九、考试题库(试卷)

1. 理论知识考试

理论考试主要为所属工种的相关专业知识、操作规程、管理制度、岗位职责、安全常识等，由技术部及相关部门拟定考试题库，组织闭卷考试。理论知识考试结构见表5-29。

表5-29　理论考试结构

A级要素	B级要素	分值	备注
理论考试	专业知识		
	操作规程		
	管理制度		
	岗位职责		
	安全常识		

2. 操作技能考核

由技术部及相关部门根据评定对象所从事的工种确定相应的操作技能考核内容项目，在指定场地、指定设备通过现场实际操作的形式进行考核。技能操作考试结构见表5-30。

表5-30　操作技能考核结构

考核要素及分值							
A级要素	B级要素	分值	备注	A级要素	B级要素	分值	备注

续表

考核要素及分值							
A级要素	B级要素	分值	备注	A级要素	B级要素	分值	备注

3. 综合评价细则

综合评价细则见表5-31。

表5-31　综合评价细则

A级要素	B级要素	分值	备注
综合测评	日常表现		
	工作态度		
	民主测评		
	集体活动表现		
	奖惩		